ギリシャ裏町散歩

稲尾　節
INAO SETSU

現代企画室

ギリシャ裏町散歩

ギリシャ裏町散歩●目次

CHAPTER 1　春

CHAPTER 2　夏

CHAPTER 3 秋

CHAPTER 4 冬

CHAPTER 1 春

噴水のあるエルムー通り

ギリシャでは　どこに行っても　住民たちが花弁のように
心を開いてくれる

——ヘンリー・ミラー　『マルーシの巨像』

坂の街　アテネの昼と夜

始まりは坂のシンタグマ

アテネは坂の街である。

町の中心、シンタグマ＝憲法広場から西に向かうエルムー通り。南に続くアマリアス大通り。さらには北へ、オモニア広場へと続くパネピスティミウ通り……。アテネをタテ、ヨコに貫く大通りは、坂に始まり、坂に終わる。

シンタグマ広場からアクロポリスに向かう。

エルムー通りを南に曲がり、観光客の多くが歩く、ヴリス通りのゆるやかな坂道を登っていく。その一つ手前がニキス通りだ。

ニキス通りでは、昼間から客引きの男たちが声をかけてくる。

「日本人？　日本人だろう。遊んでいかないか、面白い店があるよ」

彼ら、客引きたちは、アジアの街角のそれのようには、しつこく強引ではない。しかし、相手が日本人（の中・高年者）とみれば、脇にワインボトルをはさみ、買い物袋を手にしている明らかにスーパー・マーケットの帰り、という風情の者に対しても、「一杯飲んでいかないか、いい娘がいるョ」という調子で声をかけてくる。

ある日の夕ぐれ、「日本人だろう」といういつもの掛け声に反撃を試みた。

男たちにこちらから近づき、にらみつけるようにして、こう言った。

「イメ、エリナス＝ギリシャ人だ」

男たちは一瞬、えっ？　と口をつぐみ、それが、たまげたな、という表情に変わった。

「なんとまぁ、この男、ギリシャ人だとよ！」

客引きの二人は、互いの顔を見合わせ、大声で笑い出したものだ。

この反撃の後は、彼らも声をかけてこなくなったかって。

いや、それは……。

こんなことがあるからといって、この小さな通りを素通りしたくない理由があった。ここにはアテネで著名な書店の支店があり、そこのしゃれたフロアに立って、新刊書の背文字を眺めるという、捨てがたい楽しみがあるからだ。

ここで断っておくが、ヴリス通りが表通りだとすれば、こんな客引きたちのいるニキス通りは「裏通り」だというのではない。

アテネには、裏通りはない。いわゆる高級住宅地とされるコロナキ地区や郊外のキフィシア地区があり、それに対する庶民の町とされるオモニア地区や、アテネ南部のカリセア区というのはある。が、双方をへだてるのは「家賃の差額」のみ、と例えることができる。

アテネには、極端な貧困者の生活区、いわゆるスラムは存在しない。

この本のタイトルは、「裏町散歩」となっている。これはアテネの裏通り、裏町の散歩を表すものではない。

大きな歴史遺産、世界の古都アテネ。旅行者たちを釘づけにする魅力のエーゲ海。そういう旅行案内書の類の視点では書かれることのなかったギリシャ。そこに焦点を当てた、という意味での「裏町散歩」なのである。

ヴリス通りからアクロポリスへ——が、ニキス通りへの寄り道で少し手間どった。

旅行者のダレもがまず足を向けるパルテノンへ、歩を進めよう。

ヴリス通りの坂を登り、行き止まりを西に折れるとプラカ地区。石畳のせまい小道の両側には、土産物店やカフェニオン、タベルナ＝食堂兼居酒屋がびっしりと軒を並べている。

ゆるやかな坂をしばらく下り、そして登る。ここらあたりまで来れば、建物の屋根が区切る四角い空のすき間に、パルテノンの優美な姿が見えかくれする。

パルテノンを仰いで

パルテノンの麓、なだらかなすそ野の頂点にそびえる巨大な崖。その崖に向かって、パラシュートで舞い降りたかのような白亜の建造物。

半ば朽ち、半ば崩れ……。三千年の歳月を耐え、今なお天空を支え続ける四十六本の石柱。その力強さ、その優美。これほどに美しい「廃墟」があろうとは！

アクロポリスの丘をゆっくり登る。

春。

足もとのあちらこちらに雑草が茂っている。タンポポ、ケシ、あざみ。青い穂を伸ばしている麦の群生。そして岩間にはオリーブ。

パルテノン入口への急な上り坂。岩とケシの花のすき間に、一羽のハトがひっそりと翼をたたんでいた。胸元の小さな肉は、すでに枯れている。

丘の上では神殿の復旧作業が進められている。この作業は、すでに百年も続けられているという。

石を削るノミの音が、いくつも重なって竹笛のように響く。

石を噛み、石を削る。石工たちのノミの音。数千年をさかのぼる古代の人々も、おそらくこれと同じ響きを耳にしていたことだろう。

プラカからの小道とアマリアス大通りが合流する麓の道は、アクロポリスを巡る旅行者でいつもにぎわっている。それは季節を問わず、時間帯を問わない。

人の流れの向こうに、動かない影がある。影の方角から、サンドーリの哀愁を帯びたメロディーが、途切れ途切れに耳に届く。

影の主はムハマド氏。路上に座り、上体を前に傾け、語りかけるように、ささやきかけるかのようにサンドーリの弦を打っている。

彼がそこに座るのは、きまって夕ぐれ。観光客の足音が少しまばらになる時間帯である。

演奏の合い間を見計らって声をかける。

「素晴らしい演奏だねェ」

私が名乗り、彼が答える。

「イランから来た。三十才」

「サンドーリはゾルバが大切にしていた楽器だ」

「イランでは身近にある。子どものころから、弾いている。ダレか先生について習ったとか、そんなのじゃない」

話していると、演奏中の沈痛な表情は消え、おだやかな三十才の顔になっている。

「日本人。日本人って言ったね……」

精悍な頬骨、伸びた髭。その奥の鋭い目が「ニホン人」のナニかに反応している。

ニホン人、ニホン人、と問うようにつぶやき、やがてムハマド青年の関心は演奏にもどった。

サロニコス湾から渡ってくる夕ぐれの風の中に、再びサンドーリの響きが広がっていく。

柔らかい夕陽がパルテノンを赤く染め、それが彼の細身の背にも映えている。

路上のミュージシャンたち　I

ムハマド氏が座っていた場所には、以前はやせて身なりの貧しい白い肌の女性が立っていた。彼女が弾いていたのはリラ。その演奏ぶりはたどたどしく、その風情はもの哀しいかぎりであった。

通りに立ち、通行人に向かって演じ、奏でる「大道芸」は、広辞苑では「大道で演じる卑俗な芸」と説かれている。卑俗はひどい。ここでは彼らを路上のミュージシャンたち、と呼ぶことにする。

夕ぐれが近づくと、ムハマド氏と入れ代わるように、パルテノンの麓を去っていく子ども連れの老人がいる。

彼が奏でているのは、ラテルナ、手回しのオルガン。粗末な手押し車に載せ、細い坂道を下ってプラカに入る。それが彼らのコースらしい。

そのプラカの中心、キダシネオン通りのタベルナで食事をしていた時のこと。店先に立てかけたメニューに熱心に見入っている日本人の青年がいる。小柄で引き締まったカラダつき。短髪で目の光が強い。

簡素な身なりから、旅慣れた青年だなァ、と思いを巡らせていて目が合った。

「ここは手長エビがうまい。それに、値段もリーズナブルだよ」

つい、声をかけてしまった。青年は軽く私に会釈を返し、さらにメニューを確かめたのち、隣りのテーブルに座った。

手回しオルガンの老人がやってきたのは、その直後である。坂道を登る時には、後ろに回って手押し車を押している少年が、素早く私たちの前にあらわれ、手にしたタンバリンを突き出した。

私はそれを無視。

青年はタンバリンに二十セント硬貨をポンと投げ、お礼を言う少年に微笑を返してから、食事にとりかかった。

二十セントは、日本円にして三十円足らず。手回しオルガン組へのチップを、私はけちったわけではない。しかし、この日本人の青年に一本取られた。私だけが取り残された、その時は、そんな気分になった。

あくる日、シンタグマ広場の近くで、再びこの青年と出会った。きのうと同じスタイルだから、遠くから彼と分かっていた。ヨーッという感じでカフェニオンに誘う。

彼は、クロアチアからバルカン半島を南下してきた、という。

「クロアチアはすっかり穏やかになっています。危険？　もうそれは感じなかったですねェ」

ギリシャの印象は？　という私の問いに

「ここはアジアですねェ」

と、間髪をいれずに答えた。

「『ギリシャの心はアジアだ』とメルクーリも書いている」と私。

彼女の本は読んでいませんが、と断った上で
「ほんと、ここはアジアですよ」

と、青年はくり返した。

彼は「国際協力機構」ＪＩＣＡに関係していて、日本への帰国の途中なのだという。ふだんはアフリカに居るが、今は休暇を利用して帰るところなのだと。彼が何を指して「ここはアジアだ」と断定したのか、その理由は尋ねなかった。が、ギリシャが好きで、ここに居続けている私には、なんだか分かるような気がした。

彼は、オモニアの安いホテルに滞在しているという。

男性客ばかりの四人部屋で、その中の一人がすさまじいイビキをかく。

「だから、眠る時はいつも耳栓のお世話になります」と笑う。

「オモニアって、言葉の響きもいいよねェ」

と、私も軽口をたたく。

オモニアは、ギリシャ語で調和とか仲良しを意味するらしい。しかし東洋人の私には、語の響きとして韓国語のオモニ（お母さん）が連想される。

カフェニオンに珍しく客がたて込んできた。

青年との別れ際、きのうのことが話題になった。

「ああいうのって、お嫌いなんですか？」と聞く。

私がチップを求めてきた少年を無視した件だ。拒否の表情が、よほど厳しく、彼の印象に残ったのだろう。

「そうじゃない」

と、私は弁解した。

あの店には、私たちの他に大勢の客がいた。なのにあの少年は、他の客には目もくれず、日本人の私と君のところにまっすぐにやって来た。

日本人の旅行者は、なにかと甘いからだ。彼らはそれを知っている。私はそういうところがイヤなんだ。それは、優しいというのとは違う。

そう弁解しながら、自分の心の狭さ、かたくなさに気づいていた。だからだろう。むしろ私は、彼らのような路上の演奏者に心をひかれている、とまでは言えなかった。

路上のミュージシャンたち　II

シンタグマ広場とモナスティラキを結んでいるエルムー通りには、いつも多彩な路上の表現者たちがいる。

日曜日ともなると、見るからにアマチュアらしい「日曜ミュージシャン」の演奏も加わって、大通りのそぞろ歩きは、さらに楽しいものになる。

デパートの前の定位置には、「石膏の巨像」が子どもたちの関心を集めている。顔と手を白く塗り、頭にターバン、青く染め抜いた大きなドレス。そのドレスの長いすその下には、台座が隠されているのだろう。

二メートルをこえるその「像」は、時々、いかにも機械仕立ての硬い動作で、右に、左にと向きを変え、ポーズを変える。

たしかパリでも「像」を見たが、と思い、あるとき声をかけた。が、像は素知らぬ振り。しばらくして次のポーズに移った時、口の前にそっと人差し指を立てた。なるほど、パントマイムは、しゃべってはならないのだ。

「像」の隣りは、フルート奏者。黒の礼服姿だ。年令は四十代の後半だろうか、あるいはもっと年長か。

ジョージ・クルーニー風の整った顔立ちなのだが、表情に疲れが目立つ。服のそでにほころびがあるのも、少し惜しい。足もとに広げたフルート・ケースに、時折りチップの硬貨音が響く。が、演奏に熱中しているためか、彼は目線を動かすふりもしない。

思い入れたっぷりに鳴り続ける「ムーン・リバー」に送られて、ゆるやかな坂道を下る。

行き着いたモナスティラキの駅前広場では、インカ音楽の四人組が陣取っている。リーダーの男性は、極彩色のインカ衣装。長い鳥の羽根を頭上になびかせている。演奏の最初と最後がきまって「コンドルは飛んでいく」だ。

グループの小柄な女性が、手際よく帽子を広げ、ギャラリーの間を回ってチップを集めている。

アテネのこのテのパフォーマンスで、圧倒されたのが韓国・サムルノリの六人グループである。

民族衣装に身を包んだ男性が、鐘と太鼓を打ち鳴らし、軽快でいて、じつに激しいリズムを作り出す。その響きに乗って、若い女性が、広場いっぱいに駆け、舞い、踊る。その美しく力強いステップ。彼女たちが駆け巡る路上のラインが、「舞台」と「客席」の幻想をあざやかに演出している。

リーダーは、千成勲氏、二十七才だという。すでに世界の二十七カ国を回ってきた、と。

演奏のあい間、流れ落ちる汗を拭い、呼吸を整えながら

「ボリビアでは日本人のＨＩＲＯＡＫＩ氏とセッションをやった。ＨＩＲＯＡＫＩ氏は素晴らしいアーティストだ」

「日本人なら彼のことは知っているだろう」

と、問い返されたが、知らない私は目を伏せるしかない。
私の声に耳を傾けながらも、千氏は、あわただしく次の演目の準備に取り掛かっていた。

オリンピックを契機として、海外からのパフォーマーが増えてきた。ダイナミックで、印象の強烈な彼らのような奏者は、しかし、アテネでは少数派である。代表的な、というわけではないが、ギリシャ人の路上奏者といえば、街角にたたずみ、気まぐれに移動していく手回しオルガンの老人である。

エルムー通り中ほどの十字路。そこでは長身の老人が、日がな古びたオルガンを奏でている。

手押し車の側面に張られている色あせた写真は、一九四〇年代の光景である。それはドイツ軍占領下のギリシャ。四十万人に及んだといわれる餓死者たち。さらにその後に続いた内戦の悲劇を伝えるものだ。やせた老人が奏でる「曇り空の日曜日」は、繰り返しこう歌っている。

♪お前は私の胸を悲しみで満たす
　私の心には、いつも雲がある
歌われているのは、わずかな希望を、救いを求めて手をさしのべている市民たちの姿である。

犬たちの幸せな午後

街路樹、プラタナスの淡く黄色い花が風と遊んでいる。郊外に出れば、桜と見まがうアーモンドの花々があざやかな季節。

午後の大通りは、すでに暑い。

午後三時。昼休み。今は勤め人たちもシェスタの時間だ。店の軒先や木陰に寝そべっている犬たちも、睡眠に集中しているようだ。鼻先で靴音を立てても、耳も動かさない。

街では小犬を見かけることは少ない。路上に寝そべっているのは、決まって大きな成犬。銀行の入口といわず、カフェテリアといわず、いたるところでのんびりと眠り込んでいる。

宝石店の軒先に陣取っている犬は、手入れが行き届き、長い毛がつやつやと輝いている。こういう犬はしかし、「少数派」。

飼い主がいるのか、どうか。まず、野良犬だろう、と思わせるのが大半である。どの犬も汚れてはいるが、栄養がたっぷり行き届いている。驚いたのは、この犬たち。ふだんは同じ一角を住居と定めているようなのに、移動する時には、人の流れに従って、ともに信号を渡ることである。アテネの歩行者用信号は、青から赤への切り換えが早い。つまり、信号はクルマ優先。だから、大通りを横切る時は、注意深く、そして素早く動くことを要求されるのだ。


地下鉄の出入り口で、楽しい光景に出会った。

広い階段の上り口。急ぎ足で行き交う利用者の流れが、ちょうど真ん中のところで二つに分けられている。混雑を避けるための標識でも設けられているのだろうかとのぞいてみたら、なんとそこには、大きな犬が寝そべっている。

地下の通路から涼しい風が吹き上がってくる、その場所が、きっと彼(彼女)の好みなのだろう。

国民総生産が低く、財政に関しては、時にはEUの問題児扱いに甘んじる国ではある。が、この国のこの犬たちの余裕ぶりはどうだろう。


ギリシャの犬たちには、ダレかを待っている、という風情はない。

彼らは、急ぎ足で過ぎる勤め人はもとより、物珍しげな旅行者にも関心を寄せない。ひたすら昼から夜へ。色を変えていくたそがれの時間を過ごし、いつか眠りにつこうという時への移行を、ぜいたくに味わっているだけのように映る。

そんな「犬たちの時間」の誘惑につられ、私もふらりと夕ぐれの丘に出る。

散歩好みは、なにもギリシャ人のみの特権ではないのだから。

夕ぐれの丘は自由区だ。

国籍、肌の色、宗教、財力差、年齢差。エトセトラ……。

たそがれの優しい影が、そんな人間のつましい約束事のすべてを消してしまう。カップルは抱き合い、老人は、過ぎ去った夢を回想する深いまなざしになる。フィロパポスの丘に向かう人々と歩を進めながら、エーゲ海のはるか東に位置するバリ島、クタ海岸の雄大な風景が私のまぶたに重なってくる。あの島に暮らす人々も、夕ぐれ時には、家族ぐるみで声をかけ合って海岸に向かう。

あかね色の、豊かな光の充満の下で、人々はみな幸せそうである。

丘の途中に再び寝そべる犬の姿。彼も大きな耳を伏せていない。きっと、忙しい人間には聞こえない一日の終わりの自然の響きに、聞き入っているのだろう。

古代と今が交差する街角

国立ミュージアムの輝き

国立考古学博物館（ミュージアム）は、エクサルヒア地区にある。建物のすぐ隣りがアテネ工芸大学。さらに南へ進むと、セントラル・マーケットがあり、その東側がアテネ大学やアカデミーのキャンパス、という大まかな見取り。庶民の町に市場と大学。オモニアは、東京で例えれば下町の上野である。

地下鉄オモニア駅を地上に出ると、そこがオモニア広場。広場は、八本の道路が交差する大きなロータリーになっている。東南に向かって伸びる二本の大通りはパネピスティミウとスタディウ通り。これらは国立図書館やアカデミー、さらにはシンタグマにつながるメイン道路である。

西に向かうアギウ・コンスタンティヌ通りには、古びて味わいのある「二つ星」クラスのホテルが並んでいる。

南に向かうのがアティナス通り。ゆるやかな坂道を下っていくとモナスティラキ。南西の空にいつも見えるアクロポリスが、格好のランドマークになる。

目的の国立ミュージアムは、広場を東に進み、パティシオン通りに入って、その交差点を北に歩く。

まるでガイドブックのようにロータリーを説明するのは、このあたり一帯、オモニアには、ごった煮の鍋の中身をひっくり返したかのような、わい雑で、庶民的な、一種独特の魅力があるからだ。


さて、ミュージアム。

館への来訪者を一階正面で迎えるのが、名高い黄金のマスク。

ミケーネの黄金文明は、紀元前二十世紀から十二世紀に栄えたという。ならば、このミュージアムは、四千年のカプセルということになる。

黄金のマスクの発掘者、シュリーマンについては、教科書の記述でもすでにおなじみである。

九才で母親を亡くした孤独で空想好きな少年が、ホメロスの詩に心を温められ、ついに詩のありか、トロイア、ミケーネの遺跡を発見した。ミュージアムに安置された数々の黄金類はともかく、夢を追い続け、ついにそれを実現したシュリーマンの、狂気と紙一重の勇気に心を打たれる。

一階の中庭に通じる展示室には、名高いアルテミシオンのポセイドン像に並んで、高さ五十七センチの美しい女性像、ペプロスを着たコレ像がある。

夏は灼熱の石畳を逃がれ、冬はひとときの暖を求めて、私はこの像の前に立つ。「悠久の」とか「永遠」とか……。名品にワンパターンでかぶせられる常套句のなんと虚しいことか！

この小さなコレ像は、二千五百年の時空を超え、そこに佇むすべての者の心に、これ以上は望めないという、優美なほほえみを投げかけてくれる。

ミロのヴィーナス、ニケ像。あるいはパルテノンのレリーフ……。

ギリシャの名品の数々は、フランスやイギリスに持ち去られている。それでもこのミュージアムが少しも色あせないのは、ギリシャ四千年の歴史の輝きであろう。

「風の塔」界隈

モナスティラキ広場から古代アゴラ=市場遺跡付近の一帯にかけて、日曜日には蚤の市が開かれる。

ガラクタとは少し乱暴な表現になるが、ひん曲がった釘一本でも、雑多な時代モノに並んで、堂々と売られているところが面白い。とにかく、なんでもある。蚤の市は、ヨーロッパの他の都市でも盛んだが、売り物のわい雑さにかけては、アテネのそれは他に比類のないものだろう。

この辺り一帯には古本屋も多く、この日は特に掘り出し物らしき印刷物が店先に山積みされている。

路上店舗のオヤジさんには、ロシア人が多い。口数が少なく、積極的にモノを押しつけてこないので、私などのような冷やかし客にはありがたい。

しかし、海外からの旅行客をふくめ、人が多く、とにかくこの市は混み合う。

日曜日。混雑する狭い路地、そこに教会の鐘の音と祈りの声。それらがスピーカーを通して雨のように降ってきた。

人ごみを逃がれ、古代アゴラの東、ローマ時代のアゴラ周辺にまで足を伸ばすと、ようやく汗ばんだ肌に風が入る。ほっとひと息、木陰のベンチが欲しくなる。風の塔のまわり。プラタナスの樹の下に、ちょうど手頃なベンチがあるはず、と行き着いたら、そこには老婦人の先客がいた。

彼女のひざに一匹、ベンチに二匹。やせた猫たちが、ちょうど食事にありついた後らしい。この国では、犬だけでなく、ノラ猫の多くも、ぬくぬくと路地を行き交う。時には、猫好きの旅行者たちのひざに抱かれてもいる。

猫といえば、アクロポリスのすぐ下、急な坂道の続く迷路のような小道で、猫と短く「会話」したのを思い出す。

ある朝。

路地のちいさな陽だまりで、仔猫が三匹、丸い背を重ね合わせて暖をとっていた。眠そうな目で不意の侵入者を認めると、よろよろと近づいてくる。

腹を空かせているのだろう、このやせっぷり。しかし、私には与えるものがない。思わず、ごめんなァ、なにもない。食べ物は持っていないのや、と声に出した。そこに、坂道を登ってきた黒い衣服の老婆の姿。

彼女が声をかけてくる。

どうやら、坂の続く迷路で、訪問先への道を迷ったらしい。その道を尋ねられても……。私にできるのは、ゴメンナサイの意思表示だけ。

事情を察した彼女は、まぁまぁ、外国人だったの、と言わんばかり。少女のような笑顔を一瞬つくり、右手を振りながら、照れくさそうに去っていった。

ギリシャ語は日本語の響きに似ているという記述もあるが、まさか大の男が、猫に声をかけていたのを聞き違えたとは、彼女も思わなかっただろう。

風の塔は、紀元前一世紀に建てられたという八角形の「時計塔」である。

上部の八つの面には、それぞれ風の神のレリーフ。

その風神、北風のボレアス神は、アレキサンダー大王の東征によってインドにおよび、やがてシルクロードを経て日本に伝わった、とされている。

石に刻まれた風神が、東方へのはるかな旅を経て日本に行き着いた。それが、京都・建仁寺のあざやかな風神、雷神の図に昇華したという。これはこれは、なんと壮大なイメージの旅であることか!

リカベトスの丘

太陽は、リカベトスの丘の背に昇り、アクロポリスに沈む。

北のリカベトスに対する、西南のアクロポリス。その二つの丘は、格好のランド・マークである。

丘は標高二百七十三メートルだというが、すり鉢状の町の中からは、はるかに高く映る。その丘を目指し、地下鉄エヴァンゲリズモスで降りて地上に出る。丘の頂上へのケーブル・カー駅へは、プルタルフゥ通りを行くのが便利だ。

その通りに入ったすぐのところに、イギリス大使館がある。

大使館の付近は「車による進入禁止」。コンクリートのバリケードが敷かれ、銃を手にした警備員たちが、守りを固めている。

イラクでの流血はおさまっていない。車による自爆攻撃を警戒してのものだろう。イギリス大使館の窓には、直径十センチほどの頑強な鉄格子が張り巡らされている。大使館員たちは、毎日、このオリの中で仕事をしているのであろう。


ケーブル・カー駅への登り坂は、かなりの険しさである。

坂道のところどころには、ベンチが置かれている。そこに腰をかけ、町並みを見下ろしている観光客、とりわけ高齢者たちの表情は、いちようにぐったり、げんなり。

ハーイ！　と元気に声をかけ合っているのは、若者たちのみだ。

ここら辺り一帯は、いわゆるコロナキの高家賃・住宅地。坂道の両側には、マンションのショールームのような住居が続く。広く開けられたフロアの窓からは、別にのぞく意図はなくても、家具や住人の動きまでもが見通せる。

この光景、これ、京都のさんねん坂界隈にそっくり。

こぎれいな家々の窓から、軽快なライカ＝ギリシャポップスの響きがもれてくる。哀愁たっぷりのレンベティカ＝ギリシャ演歌は、この界隈には、似合わないらしい。

一九二〇年代の帰国難民がもたらしたレンベティカ。メルクーリの著作によれば、それは元来はみ出し者、無頼が口ずさむ怨歌であった。作曲家・テオドラキスやハジダキスによって革新され、一九七〇年代の軍事独裁政権下、それに抵抗する市民や学生たちのプロテスタント音楽として、広く歌われるようになったのである。

ようやく丘の中腹、ケーブル・カー駅に着く。客待ちのタクシー・ドライバー氏が

「コンニチワ」

と声をかけてくる。これもオリンピック効果？　というのだろうか。

頂上からの眺めは、さすがに壮観である。

ギリシャはいたるところ岩山、はげ山ばかり。緑の少なさに目が慣れてしまって

いたが、市街地を取り囲む丘や山は、いく重もの深い緑におおわれているのに気づく。

今から六十年前。

第二次大戦の直前にギリシャを歩いたヘンリー・ミラーは「ギリシャは考古学の専門家など必要としない。必要なのは樹木栽培の専門家なのだ」と書いている。文明がそうさせた早い時期での森林の破壊。結果としての無惨なはげ山の連なり。それに心を痛めていたからである。いつの日かギリシャが太古の一面の緑を取りもどした時、ヨーロッパは震撼し、その運命も変わるだろうとミラーは続けている。


丘の頂上は大パノラマ。

町を行く人や車は、デジタル画面の微粒子のように奇妙に無機質だ。はるか南のかなたに青くかすむサロニコス湾。さらに市街地を囲む丘。その緑のほむらだけが、生気を放って輝いているかのようだ。

アテネの日本人学校

日本とギリシャは、百年もの前から互いに友好条約を結んでいる。ともに海運国である、という点で似ている。それと名だたる地震国だ。バルカン半島の国と、はるかな島国との永い友好の条約というのは、珍しい気もしないではない。

元・外交官、斉木俊男氏の著作によれば、先の大戦中もこの条約は「破棄された形跡がない」らしい。ドイツ、イタリアと結んで枢軸国となった日本。そのイタリアやドイツに侵攻され、連合国の一員となったギリシャ。だから敵対化した期間が存在したハズだが……。

ドイツに占領された後、ギリシャ政府は、一時フランスに亡命している。どうやらその混乱が友好条約存続の理由らしい。

アテネの北部、ペフキ市にある日本人学校を訪ねることにしたから、道順など教えてもらえないか、とギリシャ在住の友人に声をかけた。

彼の以前の住居が、ペフキ市にあったことを覚えていたからである。いいよ、となり、待ち合わせ場所が決まった。深夜零時、オモニア広場近くのライブハウス。マンドリンに似た弦楽器、ブズーキの演奏を聞ける店である。レンベティカにブズーキは欠かせない。本来はダンスの伴奏を旨とするこの音楽ジャンルには、根強いファンが多い。私たち、私と友人も、哀愁好みのレンベティカ党なのである。

このテの店が本格的に賑わうのは、日付けが変わる時間帯になってから。歌に興じ、演奏に酔い、客がステージに上がって踊りだす。ともに酔い、ともに踊り、熱狂のうちに夜明けを迎える。

その白熱する店内で、かろうじて私は学校への道順の書き込みを手にし、これから仕事に出る、という友人と夜明けのオモニアで別れた。

ギリシャ人は、遊び好きである。仲間たちと集まって、夜おそくまで騒ぎ合うのが大好きな人たちである。

アテネの日本人学校は、閑静な住宅地の中、町に溶け込むようにして建っている。ちょうど年少児童の下校時間と重なったようで、迎えに来ている若い母親たちの姿を多く見かける。

約束の時間ちょうど、ベルを鳴らすと、ギリシャ人の守衛さんが日本語で気持ちよく迎え入れてくれた。

間もなく、がっしりした体格に優しい目をした菊池校長の姿。

「この校舎は、以前はホテルだったのを改修しまして」

と、校庭を案内してくれる。

校庭には、去年まで大きなレモンの樹があった。花も実も美しく、皆に愛されていたその樹はしかし、突然のように枯れてしまった。

「異常気象のせいではないかと思っています」と先生。

「去年の冬は、異常に寒かった。天候がほんと、おかしくなってきていますねェ」

と。

生徒数はざっと十二人。上級生、下級生が一つの教室で学ぶという。日本では、児童数の少ない山地などで見かける分校スタイルだ。

じゃ、「二十四の瞳」ですね、と投げると
「そう、そのとおりです」との答え。

この学校では、年長組が年少組の子どもたちを引っ張っていく。数が少ないこともあり、生徒はなにごとにも、みな力を合わせて取り組む。そうしないと成り立たない。

「だから、イジメとか不登校とか、そんなのは皆無です」

教科書は、日本と同じ。日本と違うのは、ギリシャの文化科学省の意向で、ギリシャ正教の時間がある。差異はそれくらいかな、とのことである。宗教の時間があることが、差異だとは、私には思えない。

上級生の力のある生徒が、幼ない下級生を引っ張っていく。皆が一つになって目標にトライしていく。これこそが、日本で見聞きする問題児童、問題学校との、決定的な差異だろう。

放課後の教室。忘れ物でもしたのか一人の上級生が入ってきた。私を認めるなり

「こんにちは」と大声を出し、ペコリと腰を折ってあいさつをする。

小学生から、こんなに親近感のある、礼儀正しいあいさつを受けるなんて、いったい何十年ぶりの感激だろう。

あふれる光のなかで

島へ

二〇〇五年の復活祭は、ギリシャ正教、ユリウス暦のつごうで五月一日になった。「春分の後、最初の満月が過ぎた最初の週の日曜日」が決まりである。

カソリックの国々では、〇五年の復活祭はすでに三月に行われている。五月といえば、日本では夏のはしりだが、ギリシャでは、すでに夏は始まっている。

前年は、ひと夏をサロニコス湾に浮かぶ小さな島、イドラで過ごした。翌年の復活祭はこの島で、と宿の主人と約束していたのである。

復活祭の期間中、アテネのほとんどの店は休みになる。日本に例えれば、正月や盆の帰省ラッシュに入る。人々は生まれ故郷に帰り、家族や幼いころからの友人たちとともに、キリストの復活、生命の季節の新たな始まりを祝うのである。

四月の終わり。イドラ島に渡ろうとして、はたと困った。

船の便が取れないのだ。旅行社はすでに休みに入っている。高速艇のフライング・

ドルフィンは満杯。フェリーボートも難しいが、波止場で粘ればなんとかもぐり込めるかも、という。

しかし、乗船券売場に朝から並ぶというのも厳しい。なにより、乗れる保証がない。

で、妙案を思いついた。エーゲ海のクルーで最もポピュラーな「サロニコス湾三島巡りのワンデイ・クルーズ」。それに便乗してイドラで降りる。この船便は外国の観光客専用。つまり、帰省客はいないハズ。

意向を告げるとOKが出た。何でも試してみるものだ。ピレウス出航が八時三十分。その一時間前に桟橋で待てば乗せてもらえる、との約束になった。

「ゲートはたくさんあるから、間違えないように」

「リマニ、ピーレェア、エプシロン、デオ」

ピレウス港、第二桟橋だ。

桟橋には、約束の一時間前に着いた。目指すクルーズ船はすでに横付けされているが、港に人影はまばら。倉庫を改装したミュージック・ステージから、時折ロックの激しい演奏音がもれてくる。演奏は夜通し続けられているようだ。

六時四十五分。教会の鐘が響き渡った。タグボートを従えて、大きな客船がゆっくりと港に入ってくる。優美な船体に朝の陽が映える。

間もなく島巡り船のスタッフたちがやって来た。「カリメーラ＝おはよう」の声が行き交って、桟橋は次第に活気を帯びてくる。

船尾のデッキにバーのスタンドがある。座りごこちのいいソファーも。

この船には何度か乗っている。だから、スタッフの邪魔にならない座り場所も心得たものだ。

そのソファーに先客がいた。六十代だろうか、口ヒゲを長く伸ばしたベレー帽と、同じ年ごろのもう一人、小柄な男性。出航の準備で忙しく動き回っていないのは、この二人だけ。多分、私と同じ契約外の客だろう。

「カリメーラ」と声をかける。

小柄な男性が、弾んだ声であいさつを返してくる。

髭ヅラの無口な男性がポール、よくしゃべる小柄な男性がジュアン。彼らはラテン音楽のデュオで、これから仕事でイドラ島に行くという。

同行三人、というわけだ。

出航一時間前。デッキから見下ろす桟橋に、大型バスが次々に到着する。きょうの一番乗りは、陽気なイタリア人の一行だ。

「グオンジョール、グオンジョール」

軽いノリのあいさつが行き交っている。一行のにぎやかな笑い声が船内に消えたかと思うと、間もなく船尾のデッキに移動してきた。早くも酒盛りでも始まりそうなにぎわいだ。

イタリア人ガイド氏が、我々の席にも陽気な笑顔であいさつを送ってくる。

「そっちも朝のコーヒーどうだい？」

大柄なバーテンダー氏の声には、「身内」の気安さのような響きが混ざる。事のついでに、運んでやるからさ、という感じでしっかり注文を取ってくる。
定刻八時三十分。クルーズ船は、大きな船体を揺すって静かに岸壁を離れた。

小さな島の復活祭

エーゲ海の船旅は、あふれる光の中に入っていく旅である。紺碧の空と海に浮かぶ優美な島々。近づき、そして遠のいていくその島々の影は、海に架けた白いキャンパスのようだ。そこには、ダレもがそれぞれの思いを描きこめる。

イドラ島は、岩の上に木々を繁らせた人口三千人の小さな島である。埠頭に接近する船のデッキからは、港を抱くようにして、山の中腹まで立体的に広がっている家々。その赤い屋根と白い壁が、岩の飾り台に載せられた、きゃしゃな砂糖菓子のように映る。

島の古代名はヒュードラ。つまり水。元来は「水の島」であったが、今はその命の水を、ペロポネソス半島に頼らざるを得なくなっている。そういうはかなさが、旅情を高める一因にさえなっているかのようだ。

山の中腹にひときわ広大な邸宅が点在している。それは十八世紀から十九世紀にかけて活躍した船主たちの館。

彼らは、十九世紀トルコとの独立戦争では、私財を投じ、みずから戦いの先頭に立ってギリシャを勝利に導いた。その侠気＝フィロティモが、今もギリシャ全土に伝えられている。ギリシャ人の理想的な気質を代表する、誇り高い島なのだ。


四月三十日、夕刻。

丘の中腹。ホテル近くのタベルナに入っていくと、どのテーブルにも白いクロスがかけられ、店の主人はパーティー用の食事の準備に追われている。子どもたちが早くも町のあちらこちらで爆竹を鳴らしている。その音が店にも飛び込んでくる。

今夜は復活祭の長い夜になる。だから、しっかり腹ごしらえが必要だ。

「スブラキ＝串刺しの焼き肉」を注文すると、何を言っているんだ、この忙しい時に、という表情で

「今夜はダメだ」

港まで下れば、軒並み店が開いている。しかし、今は歩くのがおっくうだ。

「それなら、有りものを」

となって、キッチンに連れて行かれた。

どの鍋も煮物ばかり。魚や米のどろんとした煮込みは、私の舌に合わない。それとオリーブの香りが強すぎる。

「タコがある。それにしろ」

店の主人の、半ば強制である。料理通に知られているように、ギリシャのタコはうまい。どかっと出された大皿の料理を、タコだけつまんでレチーナ=薄黄色の大衆ワインで喉に流し込む。料理の残りは、足元に寄ってくる猫たちに手伝ってもらう。

これで腹ごしらえはできた。しかし、大瓶のデカンタにたっぷり盛られたレチーナを片付けたので、かなりの酔いが回ってきた。

少し酔いを覚まさないと、このままではまずい。

厳かな復活祭の儀式が続く大聖堂前で、ひとり足元をふらつかせている日本人がいた、となっては礼を欠く。

ホテルにもどり、中庭の大きなレモンの樹の下のベンチに陣取って、しばらく風に当たってみることにした。

夜の気配が静かに身体を包み込んでくるのを感じながら、まどろんでいる。と、肩先に何やら軽い音を立てて降りかかるものがある。

パチッと弾けて、膝に落ちる。手にとると枯れたレモンの花弁。思わず見上げると、青いレモンの実が鈴なりだ。太い枝に茂った葉が、私に覆いかぶさるようにして、夜空に緑の傘を広げている。

その傘の下で、小一時間もまどろんでいたことになる。


ホテルの前を、正装した家族連れが何組も通り過ぎていく。

細い路地から、次々に姿を現した人々は、やがて列をなして、ゆるやかな坂道を下っていく。歓談しながら、ゆっくりと大聖堂に進む人々に歩調を合わせ、私はそっと列の後ろにまぎれ込んだ。

午前零時　神聖と狂騒

大聖堂に向かう人々は、それぞれローソクを手にしている。私もホテルが用意していた、ひときわ太く長いローソクを握っている。

混雑が激しくなってきた路地。その一角で少年たちの遊び騒ぐ声がする。すぐそばで、路上にローソクを並べ、売っている少年がいた。彼の視線はひたすら、同じ年格好のふざけあう少年たちの方に向けられている。

並べた商品を前に、はしゃぐ少年たちの動きをくいいるように見つめている。ローソク売りの少年の放心が、なんだか切ない。こういう寄る辺ない少年を見ると、心が揺らぐ。横をすり抜ける時、ローソクを握る私の掌が、少し汗ばむ。

大聖堂の中庭は、すでに人の波で埋まっている。世話人らしい人物が、中にはもう入れない、という説明をくり返し、群衆の整理にあたっている。

私が紛れ込んだ列の先頭の人物は、どうやら有力者の一人らしい。人垣を分けながら、やや強引に進み続ける。私の前の婦人がチラッと振り向いて、一瞬、あれっという顔。しかし、とがめる目の色ではない。

あらあら、あなたもご一緒なのね、という穏やかな表情だ。

大聖堂は、十八世紀のバシリカ建築だと言う。島の大船主が献納したそれは、威風堂々。荘厳と優美がとけ合って、じつに美しい。

やがて零時。

聖堂内の灯りが消され、信者たちが退出。十字架を掲げた司祭を先頭に聖歌が唱和され、キリストの復活が告げられた。

島中の教会の鐘が乱打され、港に停泊された船から、一斉に汽笛が鳴らされる。この鐘の音は、アテネで、テッサロニキで。さらにエーゲ海の無数の島々で、いま同時に鳴り渡っているのだ。

大聖堂に、中庭に、そして無数の路地に。この瞬間、詰めかけた人々の歓声が、どよめきとなって夜空にたち昇った。

やがて、ローソクを手にした司祭が、互いの頬が触れ合うようにして並ぶ人々、その一人ひとりにほほえみを向けながら、彼らが差し出すローソクに火を移していく。その火は、人から人へ。大聖堂の内から外へ。次々に移され、広げられ、やがて炎の波になる。

間もなく人々が動き出す。

炎の列が散らばって、それぞれの路地へ、家庭へ。家族がテーブルを占める夕べルナの席へ。炎の輪は広がりながら町中に拡散していく。断食を終えた「食」の饗宴がこれから始まるのだ。

聖歌と司祭の声の他は、静かだった儀式。

午前零時を過ぎるや、港で、町で広まった祝福の声。拍手、歓声。打ち上げ花火のとどろき。鐘の乱打を合図に始まった狂騒の波が、今では大聖堂のすぐ前まで押し寄せてきた。

「神聖」から「狂騒」へ。キリストの復活、生命の再生を喜びあう饗宴への一転である。

港の入口、その両サイドの丘には、鉄さびた大砲が、今も海をにらんで据えられている。

その砲台に並んで仕掛けられた打ち上げ花火の「砲列」。それが午前零時の鐘を合図に点火された。

すさまじい爆音、光の放列。

沖と港に放たれた花火は、垂直に飛び、やがて放物線を描いた炎となって、水面に突き刺さる。火を放つごとに吹き上がる硝煙。その勢いと匂いのすごいこと。

港の中央に突き出た桟橋には、帆船や豪華なクルーザーが押し合うようにつながれている。

その波止場で、数十頭の羊が焼かれている。羊に群がっている男たちの、酔いしれた赤黒い顔が浮かび上がる。

「あんたも、どうだい？」

「ありがとう」

「こっちのも食えよ。さぁ飲め」

ふるまわれる羊と酒は、客の肌色や国籍を問わない。そこに居合わせた者、ここに今いる者、そのすべてが賓客なのだ。

羊のこげる匂い。火に落ちる脂の匂い。男たちの酒の息。砲台から霞のように港に下りてくる硝煙の乾いた匂い。

狂騒音は町を包み、山にこだまして島中を沸きあがらせ。やがて沈黙の海に流れていった。

赤いタマゴと芥子の花

五月一日、午後。

砲台の花火跡、宴の残がいを避けながら、ビーチへの小道を歩く。

祭りの後、充実の時間を惜しむかのように、子どもたちがまだ爆竹に興じている。

その音が、やがて遠のいて去る。

港を離れ、海沿いの道を十分も歩けば、天然の花畑だ。透明な海。その青く静かな海面に向かって、野の花が色とりどりの鮮やかなどんちょうを、水打ち際のすぐ近くまで降ろしている。白と黄色の野花の群れ。それらを制するかのように、真っ赤なケシの群生が花弁を潮風になびかせている。

花々の中に一人、花を摘む婦人の姿。

きょう、五月一日は、プロトマイヤ。野花で花輪を作り、玄関の扉にかける日。二〇〇五年は、復活祭と日が重なったのだ。ギリシャに古くから伝わる、のどかな祝祭の一つなのである。

朝、ホテルの食卓には、赤く染められた復活祭名物のゆでタマゴが盛られていた。互いにタマゴを当てあって、どちらが先に割れるか。割れない方が勝ちという楽しい風習が、今もこの日の楽しみの一つ。同じテーブルについた者が、隣の人と向き合って、イチ、ニノ、サンでゴチンと当て合う。

食堂内がそんな他愛もないゲームに興じ、盛り上がる。私の隣りは中年のドイツ人。意外なほど茶目っ気のある表情で

「我々もやってみようか?」

「いいですねェ」

カチッとやったが割れない。カチ、カチ、カチとやったが、どちらのタマゴも頑丈だ。じれったくなったギリシャ人のカップルが、こうやるんだ! と勢いよくタマゴをぶつけて見本を示してくれた。

若い二人の力勝負に、食堂内の笑顔が大きく弾ける。

白いテーブル・クロスに盛られた赤いタマゴ。ピンク色に染まった白身の中から鮮やかな黄身が顔を出す。

咲き乱れる野の花。花束を手にして、その中に腰を沈めている婦人。

五月の風に吹かれながら、朝の食堂のなごやかなひと時を、私は思い重ねていた。

CHAPTER 2 夏

陽光の島イドラ

太陽はきみを追って髪をつかみ
きみを光と風の中に宙吊りにする
――ヤニス・リッツオス『夏』

スニオン岬まで

港町ピレウス　二つの顔

夜。

アテネ空港に入る国内線の夜行便は、サロニコス湾で高度を下げ、ピレウス上空をかすめるようにして着陸態勢に入っていく。

窓からは、闇のベールをはがしていくように、ピレウスの町の灯が点々と見え、やがて町並みの明かりが窓いっぱいに広がる。

灯りの中心に、丸い小さな光の輪。それがゼア湾である。それは闇に浮かぶダイヤモンドの首飾りのように、甘く輝いている。

その灯りの下に、人々の暮らしがある。ギリシャ第一の港、ピレウスの活況がある。

現代のピレウスの町には、二つの顔がある。

一つが暮らしに明け暮れる庶民の町。港を背景にして暮らす下町の人々。この人々の中には、かつてトルコとの「人口交換」でこの港にたどり着き、住みついた、受難の帰国者の姿も混ざっている。

人口交換とは、聞き慣れない言葉。一九二二年、ギリシャはトルコとの戦争に敗れ、それまでトルコで暮らしていた百五十万人が強制的に帰国させられた。その交換に、ギリシャにいたトルコ人、六十万人がトルコ領内に移った、という歴史的な経由がある。

難民の帰国は、一九三〇年代の世界恐慌と重なった。ピレウスは大量の難民にあふれ、あえいだ。東洋の匂いの強い、哀愁たっぷりのメロディ、レンベティカを運んできたのは彼らだ。

もう一つの顔が、航海の出発地としてのピレウス。

夏のエーゲ海。島々を巡る航海への出発港、帰還港としてのピレウスである。

港には、豪華客船が横付けされ、ミクロマリノには、ヨーロッパのリッチマンたちのヨットが、鳥のように優美な翼を広げ、夏の陽射しを浴びている。

終着駅の昼下がり

ピレウスには、三つの駅がある。

首都アテネを結ぶ地下鉄ピレウス駅。半島の北と西に向かう二つの国内線の終着駅、ピレウス。地下鉄と違いこちらの駅は閑散として、首都圏にありながらもローカル駅のたたずまい。

クレタ島やキクラデス諸島を結ぶ波止場の華やかな賑わいからは、ポツンと置き去りにされたよう……。

夏の午後。そんな終着駅構内のベンチ。

プラットホームから表の通りに流れる涼しい風にまどろんでいると、いきなり目の前にやせた腕が伸びてきた。衣服は粗末だが、日々の物乞いに汚れきって、というのではない。この時間帯なら、タベルナのイスで居眠りを楽しんでいる、どこにでもいそうな老人の一人である。

アテネの人通りの激しい大通りや、バス停留所では、よく物乞いを見かける。しかし、ピレウスでは初めて。

戸惑っていると、早くしてくれよ、といわんばかりの表情。ポケットを探ると手頃の二十セント。それを握らせると
「ヤーコラ」

と礼を言った。

「ヤーコラ？」

そう聞こえた。後でギリシャ人にその言葉の意味を尋ねてもらったのだが、どこかの方言かなぁ、分からない、とのことであった。

アテネでは、路上でモノ（金銭）を乞う人々が目につく。その数はオリンピックの開催以後、増えたように思う。

女優の吉永小百合さんは、島で金銭を乞われ、とても困った、と書いている。彼女の戸惑いは、こういう事に慣れない日本人として私にもよく分かる。

アジアの貧しい国ならともかく、このギリシャで、という思いもきっと混ざった

ことだろう。

しかし、金銭を乞う人たちから目をそむけていては、ギリシャは楽しめない。例えば、日曜日。鐘の音に誘われて教会に近づけば、その入口、出口には、必ずといっていいほど複数のモノを乞う人々がいる。バス停留所に立つと、足元のベンチの横から、赤子を抱いた若い母親が細く白い腕を差し向けてくる。

およそ六十年前、ギリシャに滞在した作家ヘンリー・ミラーは、彼らについてこう書いている。

「物乞いをする人のやり方も、私には好ましかった。彼らは恥じ入った顔などしなかった。堂々とこちらの腕を掴み、まるでその権利があるのだとばかりに金や煙草を要求する」(『マルーシの巨像』)。

六十年前と違うのは、堂々と腕を掴んだりはしなくなっただけだ。彼らの服装は、垢や汚れに染まってはいない。そのまま歩き出せば、人ごみの中にすっと紛れてしまう。妙な表現になるが、それほど小ざっぱりしている。

ミラーは続けている。

「人がこうやって物を乞うのは、よい兆候である。それはつまり、物を与えるやり方も心得ているということだからだ」。

夏の午後、その静かな終着駅。

やせた老人が去り、広がった視界の向こうに、二人の老婦人がベンチに腰かけているのが見える。

ともに白髪。上から下まで黒い衣服をまとう。夫をなくした女性おきまりのたたずまいだ。

足元に置いた二つのカバン、その色や形までが似ている。二人は、周囲のできごとには無関心。かといって、熱心に言葉を交わすというのでもない。過ぎていく静かな風のように、駅舎の風景の中に溶け込んでいる。

焼けつく石畳と港の人いきれを逃がれ、私はそんな老婦人のベンチに相対して、おだやかな午後のひとときを安らいだ。

作家ミラーのギリシャ人観に啓発されて、モノを乞う人に対する私の対応が決まった、というのではない。が、気持ちがラクになったのは確かだ。たった今、ポケットに急を要さない小銭があれば、それを必要とする人に分かち与えればよい。それは、同情心とか優しさなどという感情のレベルとは別の次元の問題である。

社会制度の行き届いたギリシャには、いわゆるスラムは存在しない。と先に書いた。しかし、坂口安吾がとうの昔に看破したように、「社会制度の網は粗く、必ずそこから外れる」人たちはいるのだ。オリンピック工事以降に増えた海外からの流入者たちも、多分、網の外の人たちに属するのだろう。ピレウスやアテネという大きな都市には、それらを許容するナニかがいつの時代にも必要なのであろう。

アポロ・コーストを東へ

七月のある日、きょうも快晴。フロントに

「カリメーラ」
と、声をかける。
ロビーのあちらこちらで、カリメーラの声が弾む。
チャーターしたタクシーのドライバー氏にも
「カリメーラ」
ピレウスからアポロ・コースト（海岸）を東へ。スニオン岬の夕陽を堪能して、
夕食はシーフード・レストランでワインを傾ける。そんなゴキゲンな一日に、心が
弾まないわけがない。

急な事情で、出発が午後に延びた。

右にエーゲ海。道路脇の左に夾竹桃の並木。真夏の陽射しの中、クルマは快適に
飛ばす。ハズであった。が道路の混雑がひどい。

「きょうは土曜日で水泳客が多いから」

ドライバー氏が気の毒そうに説明する。アテネやピレウスでは、土曜日は三時に

店を閉め、この季節は家族連れでアポロ海岸に繰り出すのである。崖の下のビーチにはテントが張り巡らされ、岩の上は水着姿の若い男女でいっぱい。家族連れの甲羅干しも目立つ。

旧・国際空港の跡地に立つオリンピック関連のスタジアム（ここで野球が行われ、西武の松坂大輔が熱投した）を過ぎたあたりから、渋滞が目立ってきた。海の色は青さを増してくるが、道路に迫る岩山の白い照り返しがクルマの中に差し込んでくる。

道路脇に十字架をいただいた小さな祠がいくつか立っている。イコン・ステーション。エクリーサキという。山の頂きや、峠道などでもこのイコン・ステーションは立てられている。

道中の安全を願う守護神として立てられたもの、という。都市や郊外の道路脇に立っているのは、性格が少し違っている。それは交通事故死者への慰霊のため、死者の家族、あるいは事故の加害者が立てるのである。

祠の中にはイコン（聖画）とともに、オリーブ油の入った皿が置かれている。夜になれば、その皿に火を灯す。道路脇にほのかに灯るそれは、死者たちへの鎮魂の灯りとなる。日本の田舎道で見かける、地蔵尊と似ているのが興味深い。
ようやくヴァルキザのビーチに着いた。しかし道路の渋滞は続く。シーズン・オフの十一月にもこの道を通った。あの時は猛スピードでビーチを通過したものだ。驚いたのは晩秋の海に飛び込んでいた勇敢な水泳客がいたこと。それをドライバー氏に告げると
「マニアは冬でも泳ぐ。しかし、私はできない」

ピレウスを出て三時間、目指すスニオン岬にやっと着いた。

駐車場には大型バスが何台も連なっている。今はハイ・シーズンなのだ。岬への坂道を登っていくと、一歩上がるごとにポセイドン神殿の全容が目の前に広がってくる。強い風にあおられながら、紀元前から腕を突き上げている大理石の巨大な柱を見上げる。足元には色あざやかに花々が咲き乱れ、はるか眼下にエーゲ海。

ここで夕陽を待つ。時間はたっぷりとある。

岬でワインを傾けて

岬への登り口、エーゲ海を見下ろすカフェニオンで風に吹かれていると、団体ツアーの客たちが次々に店に入ってくる。

壮大な神殿のたたずまいと、強い陽射しを浴びて、それぞれがちょっぴり興奮気味である。

「すごい風景だなぁ、それにしても暑いなぁ」

は、日本人。

大勢で、なんだか肩をいからせるようにして入ってくるのが中国人。数からいけば、アジア系では日本人や韓国人を圧倒する勢いである。まるでバブル期の日本人のようだ。日本人観光客たちと違うのは、彼らは先客をさえぎってドカドカと眺めのよいイスに座り込み、自信たっぷりにウェイターを呼びつける点である。くり返しになるが、その人数が多いのだ。

こんな自信たっぷりの尊大な人たちに、かつての日本は戦争を仕掛けたのか、と思うとうんざりする。

「騒音」をさけて移動した席で、ギリシャ在三十年というベテランのガイド女史に出会った。

彼女と会うのは二度目だ。

「奮発してタクシーで来ました」

と、言うと
「それは正解よ」

スニオン岬は、「夕陽のポセイドン神殿」で知られている。

くれない色に染まっていくエーゲ海。その先端の岬に立つポセイドン神殿の情景が、観光客たちの心を奪ってきたからだ。岬まではバスの便もあるのだが、最終便が早く、夏の夕陽には間に合わないのである。

団体のツアーも、次のスケジュールの都合で、肝心の夕方まではここに居ないという。

「もうすぐ静かになるわよ」

彼女の肌は、強い陽光にしっかり焼け、身のこなしはすっかり「外国人」ふうである。

いわゆる「団塊の世代」だというから、私より少し若い。

一人でギリシャにやって来て、やがて住み着き、試行錯誤の末にガイドの仕事で一本立ち。ギリシャ人と出会い、結ばれた。

子どもを産み、育て。今ほっとひと息ついているのよ、と問わず語りの個人事情。仕事中だから、と彼女はワイン一杯だけ。私は愛飲のレチーナの追加注文になった。

腰を落ちつけて話すのは、初めてである。

「いくつか尋ねていいですか？」

「いいわよ」

この国にいて、ギリシャ社会の目につく欠点は？　とまず否定面を聞く。

「根強い縁故社会ね。政治も、社会も、毎日の生活も」

「違和感は？」

「あったわ。今もある。でも、かなりこなしたわ、こなせるのよ」

「この国の魅力は？」

テキパキと目から鼻に抜けるようだった彼女の応答が、ここで途切れた。

「そうねぇ」

うつむいて言葉を探している。

「こんな言い方でいいかしら。この国全体が、一つの大きな田舎なの。私はそう感じている。それが魅力よ。パリでも暮らしたけど、合わなかったわ、私には」。

炎のポセイドン神殿

彼女が先導してきた団体客が、岬の見物を終えて店に入ってきた。

「どうでした。よかったですかぁ、暑かった？」

と、彼女が声をかけている。

カフェニオンに並んで土産店がある。買い物が終わった客は、すでに坂の下の駐車場に向かっている。

あまり時間がないのだ。少し込み入った質問をした。うん、うん、とうなずいて聞きながら、彼女は質問の細部には触れず、こう答えた。

「この国の内側にいる者、ここで生活している者と、外側から見ている者とでは分かり合える事と、分かり合えない事があるわ。もう、止しましょう。難しい話は」

大型バスのドライバー氏が、店先で彼女に合図をしている。時間なのだ。

「一つだけ、これも私の感じだけど……」

ヨーロッパの「火薬庫」といわれるバルカン半島にあるギリシャだが、

「もうこの国は、国を挙げての戦争というのはしないのじゃないかと思う」

「さんざん痛い目にあったから？」と私。

「そう、それもあるわね」

独裁政権が倒れた一九七四年。政府はトルコとの戦争のために、キプロスへの派遣を命じた。が、国民がそれに従わなかった、とも伝えられている。そんな事も含めての言葉だろうか。

「またどこかでお会いしましょう」と彼女。

ワインの礼を言うと、身をひるがえして坂を下っていった。

彼女が去り、団体客の車が去り……。時間をもて余したタクシーのドライバー氏が店に入ってきたころ、ようやく空が夕陽で赤みを帯びてきた。

やがて海と空が紅に染めあがり、断崖の上の雄大な風景の中に、ポセイドン神殿の十六本の柱が、赤紫色の巨大な炎となって立ち上がった。

ギリシャで生活している日本人の一人、彼女の乗った大型バスは、今ごろはアテネの雑踏の中を走っている時間であろう。

エーゲ海　ある日　ある時

島の波止場

エーゲ海の豊かな夏を、ギリシャの作家カザンザキスはこう書いている。
「はるか向こうのアフリカから暖かい南風メトスがやってきた」それは「樹木やぶどう、それにクレタの乳房をふくれさす」(『その男ゾルバ』)。

七月のイドラ島。

ホテルの中庭。五月には青かったレモンの実が、黄色くつややかに熟れている。朝。ゆるやかな坂道を港に下る。波止場は、早くも行き交う人々でにぎわっている。大きな帆船、外洋クルーザー。そのクルーたちはまだ眠っているようだ。さまざまな国籍を印したクルーザーに混ざって、着いたばかりの小さな漁船が数隻。その前に魚を求める、数人の影。

客の品定めに応じて、漁師が雑多な魚の入った箱のふたを開けている。客の足元に、猫たちの小さな影。彼らは、客たちの集まる前からそこに陣どり、いち早く漁師の到着を迎えていたのである。

漁師ヨルゴス親子の船は、まだ着いていない。思わぬ大漁に帰港が遅れたのか、あるいは不漁で帰りそびれたのか……。

ヨルゴスは、四十代の働き盛りに見える。頑強な身体に敏しょうな身のこなし。夏の太陽を全身に吸い込んだ肌は褐色に輝いている。

間もなくそのヨルゴスの漁船が、港に入ってきた。目ざとく見つけた数匹の猫が移動してくる。

接岸する直前。船首で身をかがめていた少年が、軸先を蹴って岸に飛び移る。接地と同時に身をひるがえし、両手を船首に伸ばす。四肢を踏んばって、接岸する船の衝撃を全身の力で制している。

少年の細くしなやかな四肢、その背に朝の陽光。

タベルナの主人や主婦たちと、漁師たちとの朝の商い風景。

あきもせず、受け渡される魚に首を伸ばしている猫たち。通りかかった人は、熱心な「観察者」たちの尻尾を、巧みにひょいと避けている。

商いが終わると、残った小魚を漁師が音たてて二つに折り、ポイ、ポイと投げる。猫たちの朝の定食が始まるのである。

ヨルゴスは、と見ると、群れから外れたやせた小猫にも、年季の入ったコントロールを披露している。

彼の船の周りに集まる観察者の数が多いのも、きっとそんな所に理由があるのだろう。

イドラ島には、クルマやバイクは走っていない。「クルマ公害のない島」などと観光案内にあるが、島が狭く、その必要がないからだ。

代わってロバが人や荷物を運んでいる。島巡りの大型船や、フェリーが着くたび、観光客用につながれたロバたちの待つ港の一角には、大きな人だかりができる。

欧米の旅行者には、百キロは軽く超える巨体の男女が少なくない。物珍しさで、つい女性がロバの背に手をかけた、となると、ロバも御者もこりゃ大変だぁ、となる。

脚力を体重が上回っているから、まず足が上がらない。御者は慣れた手つきで婦人を支えるが、太った婦人のお尻は、そんな努力を鼻先で笑うように宙にとどまったままだ。こんな場合、大抵は見かねた連れの男性が尻を押し込んで事なきを得る。しかし、ごくたまに、勢いあまって反対側の石畳に落ちる客もいるというから、笑い事ではない！

観光客たちは、得意になって馬上の英姿を写真に収めているが、島中の急な坂道でご一行とすれ違ったりすると、働き者のロバの姿に、ついため息が出る。

ちなみに島のロバ便は、人も、荷も料金は同じ、二ユーロである。

午後の釣果

波止場につながれた様々な船、様々な色の船腹。

風に揺らぐ水面、揺れる銀の鱗が、船腹に光の輪を走らせている。

午後、船の陰で釣り糸を垂らしていた。しかし、いっこうにアタリの来る気配がない。エサも釣り糸も、澄んだ水に透けて見える。エサのすぐそばを、中小の魚が小躍りしながら過ぎてゆく。

見える魚は釣れない、というが、本当だろうか。いや、ピレウスでは手応えがあった。夏のイドラで、釣れないわけがない。というわけで、辛抱強く糸を垂らしている。

さっきから、ポインター犬がそんな私の横に座っている。それが気になって、どうも集中力を欠く。手入れの行き届いた、毛並みの美しい犬だ。ほどなく、後方で犬を呼ぶ声がした。絹のブラウスにショートパンツ姿の女性。停泊している豪華船のキャビンから、午後の散歩にでも出かけてきたのだろう。金髪がまぶしい。駆け去っていくポインター犬の躍動も、彼女に劣らずしなやかで優雅だ。波止場から夕ベルナの並ぶ港通りへ、軽いフットワークで犬は走り抜けていった。

しまった！　ポインター犬にエサをやられた！

親しげに犬が身体をすり寄せてきた時に、気づくべきであった。ホテルの朝の食卓から、釣りのエサにとチーズを失敬してきたのだ。岩の背もたれに、気前よくそれを投げ出したままにしてあった。

こうなると、プレッシャーがかかる。いま垂らしているエサで、なんとか決めないと……。先ほどから、行きつけのタベルナの主人が時折りこちらを見ているのである。

波止場には、小柄だが、肉付きのいい、蓬髪の世話人がいる。

停泊した船の世話をする人物。彼は、クルーザーや漁船の間を、一日中、時には駆け足で巡っては、何らかの用件を処理している。髪だけでなく顔のヒゲも長い。目はその奥に引っ込んではいるが、眼光は鋭い。多分、「顔役」なのだろう。

波止場の隅々に引かれている何本もの水道のホース。先日、洗練された身なりの若い男性が、それを引っ張って自分の船を洗おうとしていた。そこに駆けてきた顔役氏が一喝。どうやら、彼の承諾なしに水道の水を使おうとしたらしい。それがルールに反するのか、顔役氏の機嫌を損ねたようだ。

若い男性は英語でナニか反論していたが、彼はそれに応じようとはしなかった。頑としてはねのけていた。

その顔役氏が糸を垂れている私にちらっと視線を走らせてきた。

「ヤーサス＝こんにちは」

と、こちらから声をかける。

「おおっ」と彼。

楽しんでいるか客人、という顔つきで頬をゆるめる。顔中のヒゲが動いたから、多分、笑って応えたのだろう。

古びた帽子を目深にかぶり、胸をそらして波止場をのし歩く。彼のその姿は、陸に上がった初老の海賊、という趣である。


夏の残照が砲台跡を赤く染めるころ。クルーズ船の発着所とは港をはさんで向き合う小さなタベルナ。彼とはそこでよく顔を合わせている。波止場に通じるその店の客は、島の住民が多く、料金も地元向きなのである。

その店でも、彼は自信たっぷりに胸をそらせ、なじみ客たちの軽口にあいづちを打っている。そのふるまいは、波止場で彼に用件を依頼する、クルーザーの客たちへの応対と変わらない。彼の収入を支えているのだろうと思われる、裕福な客に対しても、彼はいたって尊大、じつに堂々と立ち回っているのだ。

ある夕ぐれ、窓の外を、漁師のヨルゴス氏が通りかかった。

「ヨルゴ、ヨルゴ」

と立ち上がって声をかけ、顔役氏が歓談の中に彼を招きいれた。その店で、ヨルゴス氏への対応の時だけ、顔役氏の腰が少し低くなる。私の目にはそのように映る。息子づれの漁師、ヨルゴス氏には、顔役氏に一目を置かせる、なにかの理由があるのかもしれない。

最初、注がれるままにウゾのグラスを重ねていたヨルゴス氏だが、酔うと歌いだした。すかさず店の主人が客の一人にブズーキを渡す。弦のリズムに乗せて、歌い出し、やがて立ち上がってヨルゴス氏が踊りだす。客たちの表情が輝き、踊りの輪が広がる。

隅のテーブルにいた私も、いつの間にか

「オーパッ＝ブラボー、オーパッ」

と声を合わせている。港の西の端っこ、ここのタベルナは、そんな店なのだ。

この日、午後の釣果は、海水に削られたチーズの最後の一片を、小魚にさらわれて終わった。

釣り糸を巻き上げ、くだんのタベルナの前にさしかかると、店の主人が「……ヤポネ……」と声をかけ、テーブルの客たちの笑いを誘っている。私の様子を、店先から眺めていたのだ。

私は立ち止まり、大きく両手を広げて

「こんな魚を逃がした！」

と日本語で答えた。店の中からは、さらに大きな笑い声が返ってきた。

波打ち際の白い魚

窓を開けると、花の香りと一緒に、熱気が部屋に飛び込んでくる。石畳が強い陽射しに焼けている。その音さえ聞こえてくるようだ。

こんな午後は、ゆっくりとシェスタで過ごし、少し陽が傾いてから海辺に向かうに限る。

アテネでは手に入らない陽焼け止めクリームが、島のスーパー・マーケットでは売られている。盆地にあるアテネと、四方が海に開けている島の、光の量の差であろう。

島には大小のビーチが散乱している。特にビーチを求めなくても、島を巡る小道から水際に降りていけば、いたるところに太陽と水に戯れるステージがある。なにしろ、大きな岩に支えられた、緑のシェルターのような島なのである。

港から少し離れたマンドラキ・ビーチで身体を焼くことにした。岬に沿った小道を東に歩くには、まだ陽が強い。こんな時は、水上タクシーに限る。

足で歩く以外、島での移動はロバか水上タクシー（ボート）かだ。港の東側にある発着所から、およそ二十分も走れば、そこがマンドラキ。鏡のように静かな海。はるか前方には、水平線からはみ出すようにして、ペロポネソス半島が広がっている。

ビーチでは、家族連れや若いカップルが、あふれる陽光を浴び、潮風に髪をなびかせている。深く呼吸をすれば、潮の香りが、体の隅々にまで行きわたる。渚の光景は「永遠の夏の一日」をモザイクに切り取ったようだ。

港にもどり、島の西側の丘に歩を進める。

こちらの丘にも、長い閑暇に声を失った数列の砲門。それは、かつてこの静かな海に向かって吠え続けた、歴史の記憶である。

はるか紀元前から、「水と大地」を巡る争いで、この海には多くの血が流されてきた。

富を巡り、国益を争った抗争は、つい二十世紀にまで、絶えることがなかったのだ。ギリシャ神話を持ち出すまでもなく、この豊かなエーゲ海を彩る「ぶどう色」には、かつて流された赤い血の色が透かされているのである。

島の西側に続いていく散歩道。「夕陽の丘」と印された道しるべの奥に建つスマートなカフェニオン。そのテラスから、真下に広がるエーゲ海を眺めながら、海の色と、泡立つビールの色を見比べている。歴史の中の海と、いま眼下に輝く海の色とを、思い比べている。港にすえられた砲列が、火を噴かなくなって久しい。願わくばこのまま、戦火よ上がるな。海よ眠れ。


ほどなく席を立ち、道を進んで行くと、珍しく水着姿の日本人カップル。

「泳いできました」

と、伸びやかな声で女性。髪がまだ濡れている。一日ツアーでなく、すでに一週間の滞在だという。

「明日、帰ります」

と、屈託がない。

小さな島だが、夏の奥行きは広いのである。

道をさらに進む。水際に向かって、急な崖を下る小道が見え隠れする。

岩の上に寝そべる数人の水着姿。飛び込む水音は、風に消されて届かない。崖ぞいから、海に下っている何本もの小さな道。その道の先ごとに手ごろな岩場があり、人の影がある。崖から伸びる木々の葉や、花々にさえぎられたそれは、まるで小さなプライベート・ビーチだ。

小道の一本をたどり、崖の中腹の木陰で潮風に当たる。

この青く澄み切った海の色を、どう表現すればよいものか。藍染の壺に、まっ白に晒した絹を浸し、さっと引き上げたような……。

その青が砕ける波打ち際に、白い魚がいま銀鱗をひるがえした。水着を投げすてた女性が一人、金髪をなびかせて水と戯れている。太陽に向かって両手を大きく広げ、海に身を躍らせては、寄せる波に裸身を任せている。その若くしなやかな背が、あざやかに夏の陽をはね返している。

小道の先の小さなプライベート・ビーチ。その波打ち際には、潮の香りを胸いっぱいに吸い込み、自分ひとりの深い静寂にひたりきっている、「白い魚」の銀鱗が輝いていた。

朝の光とイルカたち

イドラ島から他の島に渡ると、クルマやバイクの排気音に驚く。排気ガスの異臭に、生理的な嫌悪感を覚える。

クルマという便利な乗り物に、これほどの違和感をもつに至ったとは。イドラ島という小さな島の明け暮れのこよなさが、思い知らされるのである。

素朴で、純で、それでいてたくましい野生を感じさせる人々。この人たちの遠い祖先がパルテノンを築き、ヨーロッパで最初の試み、民主主義というテーマに挑戦した。

アテネで試みられたそれは、「政治的な統治者と（それに従う）被統治者の区別のない体制を実現すること」にあったという。そのため、「国家の役職をくじ引きで決め」たとある。ここに掲げられた理想は、社会を構成する個人、一人ひとりの成熟をその前提としている。あれから二千年。政治家の唱えるそれは別として、人類史に投げかけられたテーマ、理想とする民主主義の実現は遠い。


ある朝。

港の東。丘の中腹にすえられた砲台の台座にもたれ、日の出を待っている。

一番鶏が鳴いたあと、教会の鐘が四つ鳴った。ようやく東の空に赤みがさしてきた。

港から町へ、紫色の霞がただよっている。灯されたままの街灯がそれに包まれ、淡い光の輪を放っている。

目を転じれば、海を覆っていた薄い霞の幕が途切れ、対岸のペロポネソス半島に浮かんでいた町の灯が、一つ、二つと消えていく。

港はまだ眠っている。潮の香りが強い。

やがて港から一隻のボートが沖に向かった。

力強いエンジン音を響かせ、太い曳行波を海の真ん中に広げていく。東に伸びていく長い引き波。それを合図としたかのように、太陽が水平線に浮かんだ。浮かぶと同時に、加速をつけて昇ってくる。光の勢いがすごい。ほんの数秒の間に、正視することが難しくなった。昇る光は、たちまちのうちに船の影を呑み込む。太陽を浴びて、島の輪郭が立ち上がる。

町の方角から、人の声、笑い声が丘の中腹まで流れてきた。

町が活気づいてきた。人々の一日の暮らしが始まるのである。

それにしても、沈む夕陽の淡さ、やさしさに比べ、朝の陽光のなんという力強さ、たけだけしさ。

丘を下り、港に降りる。

フェリーボート乗り場には、すでに荷物を手にした乗客たちの姿。眠たげな表情のままに、朝のあいさつが行き交っている。

桟橋には、きょうも、漁師の到着を待つ猫たちが、小さな影を重ねている。

島を離れる日がやってきた。

ホテルはかつての船主の館を改装したもの。廊下に並ぶ調度品の中に、すっかり見なれた真鍮の大きな羅針盤。その肩をポンとたたいて別れを告げる。

船はエーゲ海を北へ、ピレウス港へ。鏡のような水面を静かに滑って行く。

デッキでは、陽に焼けた肌を潮風にさらしながら、乗客たちが遠ざかる島影に見入っている。

船を追って、カモメの群れが優雅な飛翔を続けている。それは、デッキのすぐ前に迫り、身をひるがえすと、疾風となって飛び去る。

船員が慣れた手つきでパンを千切り、タイミングを計って空中に投げている。数羽のカモメが素早くそれを捉え、空中に四散する。

やがてカモメたちも姿を消した。

突然、船の後方を指して、少女が叫び声をあげた。

乗客たちが中腰になって少女の指先に視線を向ける。

少女がもう一度、大声で叫ぶ。

「ドルフィン！」

二頭のイルカが、船を追って滑らかに泳いでいる。やがて二頭が四頭になり、六頭になった。

水にもぐり、たがいの身体をくねらせながら、軽く海上に跳ね上がる。その優美な姿に見入る間もなく、次の瞬間、彼らの姿は海中に消えた。

ほどなく、ピレウス港到着の時間を告げる、船内アナウンスが聞こえた。

CHAPTER 3

秋

ギリシャ—トルコの国境を流れるエヴロス川

国なんて区別がある間は　人間は動物のままでいますで

——ニコス・カザンザキス『その男　ゾルバ』

パスポートなき越境者たち

エヴロス川を見に行く

アテネ国際空港から国内線で一時間。

アレクサンドウルポリは、北にブルガリア、東にトルコと接している国境に近接した大きな町。町の東、トルコとの国境地帯を流れるエヴロス川は、何十万羽の鳥が冬を越す野鳥の王国になっている。

その鳥が見たい、野鳥の写真を撮りたい、とタクシー・ドライバーに交渉した。朝九時、町の大通に面したタクシー・ステーション。客待ちの先頭車に行き先を告げる。

「なに？　エヴロス川に行きたいだと」

中年のドライバーは、私の申し出を二度確認して、舌打ちをするように走り去った。乗車拒否だ。

めげずに、二台目に。

今度は、革ジャンバーの若いドライバー。

「エヴロス・リバー、エヴラス・リバー」

と、発音を変えてみる。

「そこに行きたい。行って、再びここに帰る」

ドライバー氏は、

「英語がよく分からん、とにかく乗れよ」

「町の外れにある空港を過ぎて、まっすぐ東にやってくれ」

走りながら、携帯電話を取り出した若いドライバー氏、

「自分は英語がよく話せない。友人に代わるから、行き先を説明してくれ」

電話が通じ、くり返す。エヴロス川が見たい。そこで野鳥の写真を撮りたい。

「運転手に代われ」

代わった。

百キロをこすスピードで走りながら、友人との電話が続いている。早口のギリシャ語で、なにやら話が込み入っている。

やがて電話を切った。

「エヴロス川は町から遠い。簡単には行けない。時間もかかる」

「いくらだ？」

即答しない。少し迷っているようだ。

アテネなどの都市を除いて、ギリシャではタクシーの値段は交渉次第。空港待ちのタクシーにもメーターはついているが、料金は客の「荷物込み」となるからメーターとは別仕立てになる。

「百ユーロ＝約一万四千円」

と、小さい声でドライバー氏。よし、ＯＫだ。値切り交渉はやめにした。

「ＯＫだな」

ドライバー氏の表情が明るくなった。と同時に、アクセルを踏み込む力がさらに強くなった。すでに百キロはオーバーしているのに……。

私のように一人の客の場合、客は助手席、ドライバー氏の右側に座る。ギリシャでは後部座席に座る習慣はない。車が左側通行の日本では、だから運転席の位置。窓の外の見通しがよいのは結構なのだが、ドライバー氏ではなく、客の私が車を運転している感覚になる。

「エヴロス川はトルコとの国境にある。ギリシャの兵隊がたくさんいる。向こう岸にはトルコ兵もいる。しかし、ノー・プロブレム＝問題ない。あそこの村に私の友人がいる。私が運転しているから、大丈夫なんだ」

ギリシャ人の多くがそうであるように、ドライバー氏はしっかり自分を売り込んでくる。

エヴロス川一帯は、ギリシャとトルコの緩衝地帯であり、ちょっと危ない所であることは承知している。友人との電話で彼もそれを知った。が、どうやら彼は地理がよく分からないらしい。知らない所へ初めて行くんだ、ということに私は気づいている。

車はひたすら東へ、フリー・ウェイをぶっ飛ばす。スピード制限を示す道路標識はない。だから、フリー・ウェイなのだろう。道路脇にポツン、ポツンとイコン・ステーションが立っている。

すでに町は後方に遠く、猛スピードで東に向かう車は、小高い丘からなだらかな山のすそ野に分け入っている。

行き交う車の量は減り、軍用車が増えてきた。

「どこから来たんだ？」

と、ドライバー氏のお決まりの質問。

「日本」

「ニホン？　ニホン人か？」

言葉に力がない。日本人のイメージが浮かばないようだ。

「日本は遠いのか？」

そう、遠い。

「ジャパン、ソー、ファーラウェイ」

と、やった。オペラ蝶々夫人のセリフである。

「さっき追い越したのが日本製の車、トヨタだ」

と私。ドライバー氏は、車のことなら知っているヨという表情。

「この車はプジョーだ。どうだ、いいだろう」

「うん、いい車だね」

ほめられて、うれしそうにしている。で、私、

「オリンピックの女子マラソンで野口みずきが優勝した。彼女は素晴らしい選手だ」

彼の反応はない。

多分、テレビで見なかったのだ。

山陰にいきなり検問所

オリンピックより、サッカーの方が彼の関心をひくのは分かっている。オリンピックの前、七月のヨーロッパ選手権でギリシャが優勝したことも知っている。あの時のオモニア地区の大騒ぎで、私はひどい目にあっているのだ。しかし、その話はしない。サッカーは好きではないし、彼に媚びることはしたくない。

すでに一時間は走っている。しかし、エヴロス川を包むという、うっそうとした森のようなものは見えてこない。

小さな村にさしかかり、またたくうちにそこを通りすぎる。村に人影はなく、軍

用車と若い兵士が退屈そうにこちらに目を向けていただけだ。

やがて車は急な坂を登りだす。道路がふた手に分かれ、我々の車は左手へ、後続の大きな荷を積んだトラックは、トルコに向けて右方向へ。

「あっちはパスポートがいる。でも、こっちの道は大丈夫、パスポートがいらない」

ドライバー氏は説明する。パスポートを、パスポルトとなまる。多分その発音の方が正しいのだろう。

山の急カーヴを曲がったところで、急停車。

カーヴの向こうに、いきなり検問所が姿を現した。

こっちに来い、という仕草の検問兵にゆっくり車を進める。

ドライバー氏が銃を手にした兵士に話しかける。

「ヤポネ……」日本人が……と説明している。

念のため、私はカメラを座席の足元に隠した。

ノー・プロブレム。大丈夫で願いたい。

兵士とドライバー氏の数分間のやりとりの後、ようやく進んでいいだろう、となった。

座席に戻ると、彼は私にウィンクして再び車を発進させた。

空に鳥　足元に地雷

山道の切り通しを抜けると道は下り坂に、やがて車は湿原に出た。空に野鳥が行き交っている。青空、雲、行き交う鳥。のどかな風景を二つに区切るようにして、ギリシャ側の山腹からトルコ領へ、高く鉄橋が渡されている。

腰の高さに草が繁っている。風に芦の枝が揺れる。芦に合わせて、草々の葉が揺れる。風にそよぐ草々の手前に、鉄製の標識、二メートルほどの高さに鉄刺線が張り巡らされている。

「ストップ、この中には入れないヨ」

ドライバー氏が、鉄刺線を指しながら大きな仕草で注意する。

「あれはなんだ？」と私。

「知らない」と彼。

「とにかくここから先へは入れない。それより、あれを見ろ。あれがエヴロス川だ」

茂みの向こうに、豊かな水がにぶい光を放っている。左から右へ。北から南へ、水はゆっくり動いている。

彼は「知らない」が、私は知っている。

川に沿って、地雷が埋め込まれている。町の人が寄りつかないから、鳥や獣たちが集まる。だから、このあたり一帯は、野鳥たちの「保護区」のようになっているのだ。

夜。ここに、少数の不幸な人々が足音を忍ばせて近づいてくる。パスポートを持たない越境者が、この川を目指す。アジアから、ヨーロッパへ。戦争、貧困、混乱の祖国を逃れて、安全の国へ。自由を求めてユーロ圏へ。

トルコからギリシャへ、パスポートを持たない越境者には、ここが最期の運命の川なのである。

ここを渡りきれず、テラシア海の河口にボロ布のように流れつく死体が、今も絶えることがない事を、彼は「知らない」が、私は知っている。

川の手前、草むらを分けて一本の土道が鉄橋の下に伸びている。

その周りだけ、鉄刺線が途切れている。

車を降りて、そっと草むらに立ってみた。背すじから首にかけて、冷気が走る。

風はおだやかに川面を渡ってくるのに、ナゼか首から背にかけてひんやりとする。

車にもどると、

「この道をもう少し先に行ってみよう」

と、ドライバー氏。

やがて車は鉄橋の影に入った。

「写真を撮っていいか？」

「いいよ」

しかし、ここは軍事衝突を防ぐための中立地帯。つまり、軍の管理下だ。車の中から、そっと中空にカメラを向ける。

バシャリ、バシャリとシャッターを押したところで、頭上に険しい声が響いた。

「車を動かせ、姿が見えるよう、外に出ろ！」

ウムを言わせない厳しい命令口調だ。

バックにギヤを入れ、ゆっくり後退する。影から出たところで、まずドライバー氏が車を降りた。いつの間にか、鉄橋の上に数人の兵士が並び、銃口をこちらに向けている。指揮官らしいのが銃を空に向けている。今にも威嚇射撃をやりかねない険しい態度だ。

ドライバー氏の声に、先ほどまでの余裕はない。両手をあげ、日本人の観光客が鳥を……と釈明している。

「もう一人、車から出ろ」

わたしのことだ。ゆっくりドアを開けて外に出た。私も両手をあげたほうがよいのかな、とも思ったが、それはやめにした。

ドライバー氏は同じ説明をくり返している。その声が、少し落ちついてきた。間もなくこちらに向けられていた銃口が下がりだした。指揮官らしい人物の姿が消えた。

若い兵士の頬がゆるむのが見える。すかさず、ドライバー氏が、なにか軽口をたたいている。どうやらここで引き返せば、ノー・プロブレムのようだ。

慎重に車を下げ（草むらにタイヤがはまり込んだりしては大ごとだ）、ソロリ、ソロリとUターン。

元の切り通しまでもどったところで、やっとドライバー氏が口を開いた。

「時間はあるか？」

時計は十一時過ぎ。緊張感はあるが、空腹感はない。

「エヴロス川を見る絶好のロケーションに行く」

と「絶好」を強調する。緊迫した場面を切り抜けた直後なのに……。多分、そこが友人のアドバイス地点なのだろう。あまり気乗りはしないが、ここは彼のハンドルにまかせるしかない。

現代に続く「オルフェの神話」

山を下り、もう一度山道を登り直して頂上近くに出た。

眼下にゆるやかな流れが見える。

車を停め、彼が外に出た。あたりを見渡すのに絶好の場所だ。巾が五十センチ、高さ一メートルほどの頑丈なコンクリートが、ゆるい円を描くように築かれている。

「この上に上がれ。ここだともっとよく見える」

彼が、上から声をかけてくる。私が登りきるのを待たず、

「あそこを見ろ、トルコ人がいるぞ！」

川の向こう岸、トルコ領は一面の畑地だ。川に沿ったまばらな林を指さして、さかんに私を促す。

彼の指さす方向に目をこらすが、悲しいかな彼との年令差、視力差は小さくない。トルコ人らしい姿はいっこうに浮かんでこない。あそこにもいるじゃないか、といささか焦れてきた彼は少し上の方を乱暴に指さした。

今度は見えた。

少し動く物影がある。じっと視線を向けていると、その影が移動を始めた。

農夫がトラクターで地を耕している。遠目にも畑地は荒れ、それほど多くの収穫

物は望めそうになく映る。しかも、間もなく冬。温暖な「ヨーロッパの楽園」ギリシャだが、その名を裏切って、ここら一帯、北部の冬は、厳しい寒さと吹雪におおわれるのだ。

川幅はこの辺りが一番狭くなっている。だから、パスポートなしで来た人間は、夜になるとここを渡る。ドライバー氏は、低いがはっきりした口調で説明する。

「でも、ダメだな。彼らはすべて捕まって国に送り返される」

「抵抗したら？」

と、私が問う。

バン、バーン。

ドライバー氏がコンクリートの壁に身を伏せ、銃を撃つ仕草をした。

「夜、ここに兵隊が並んで身を伏せている。川を渡ってくるものは、すべてホールド・アップだ」

このコンクリートの壁は、そのために築かれているのだ。よく見ると足元の草は、きれいに踏み固められている。ここに立つ警備兵は、同時に狙撃手なのだ。

国境では、国家の意思、殺意がむき出しになる。

ギリシャ神話では、女性たちのねたみを買ったオルフェが八つ裂きにされ、バラバラにされた肉片で血に染まったといわれる、そのエヴロス川。

眼下の流れは青く澄んでいるが、陽が沈み、周囲を闇が支配するころ、この辺りには貧しい無言の越境者が現れる。

不運なものたちの悲鳴と銃撃が、沈黙の闇を破る。

トルコ側には、越境を請け負う悪質な業者もいるという。

オルフェの血で赤く染まった、「エヴロス川の神話」は終わっていない。楽器を持たない、飢えた者たちの「オルフェの神話」は、今も続いているのである。

荒野の迷走

アレクサンドウルポリは、ギリシャ東北の最果ての町。

その町からさらに東へ、トルコとの緩衝地帯にまで踏み込んだのだから、帰りはまっすぐ西にむかえばよい、ハズであった。

が、そうはいかなかった。山を下り、なだらかに重なるいくつもの丘。その麓を走っていくうち、車窓に再び芦の林が広がってきた。町とは反対の方向。湿地帯の道に入り込んでしまったのだ。

無事に兵士の検問をクリアし、眼下にエヴロス川を眺めることができた。私と同じように、ドライバー氏の緊張も多分解けた、その直後の迷走である。

道を失ったのか、と声をかけようかと思った。が、それはとどまった。プライドの高いギリシャ人のことだ。さらに彼は若い、若くて多分、血気も盛んだろう。

人影のまったくない、こんな荒地の隅っこに放り出されでもしたら……。

四十キロの低速で走っているうち、なんとT字路に出た。左方向に芦林。右のはるか彼方に刈り取りを終えた綿畑。その荒れた地肌が寒々と広がっている。

さて、どっちに進む？

私を見るドライバー氏の眼が、そう問いたげだ。

ポケットから磁石を掴み出し、見るなら見てくれ、と左の掌に載せた。ポケットには、いつも磁石を入れてある。私の旅の必需品である。

針の揺れが止まるのを、二人で待つ。意外にも、左手、芦の林が西なのである。彼がニヤリと表情を崩したかに見えた。便利なものを持っているじゃないか。

ぐっと左にハンドルを切った。それが、いけなかった。

芦林に入ると、すぐに視界は広がった。広場だ。しかし、道の中央に頑丈な鉄の鎖が張り渡され、いきなり兵士が駆け寄ってきた。

芦林に隠れるようにして、検問所が設けられていたのである。

「心配するな」

ドライバー氏の声にさっきまでの元気がない。今度の兵士もかなり表情が険しい。

「エンジンを切って車を降りろ！」

降りて彼が説明をしている。時折り私を振り返って、「アレクサンドウルポリに帰る」と訴えている。

しかし、OKが出ない。

上官らしい口ひげの人物がなにやら指示をしている。ドライバー氏が車にもどって来た。ノー・プロブレムではないのだ。やっかいな所に迷い込んだらしい。彼ではなく、私が直接に説明しろ、と命じているという。このままだと不法侵入でここに留められるというのである。

ここはエヴロス川の延長なのだ。つまり国境の……。

今度は私の出番だ。

人と接する時は軽く微笑して、ゆっくり話しかける。背スジを伸ばして、堂々と。それが海外での私の心がけである。それを実行した。

「私は旅行者である。私たちは」

とドライバー氏を振り返り

「町に帰るところだ。二人共にここを通してもらいたい」

「二人共に」というところで、ドライバー氏と目が合った。彼も大きくうなずいた。

「ふ〜ん、日本人ねェ。パスポートはホテルのフロントに預けてあるって？　日本人は通常そうする？」

ここでもニホン人、というのが、もうひとつ分かりかねている様子なのだ。パスポートを持っていなかったのは私のミスだ。しかし「日本人は通常」、このウソも方便だろう。

ホテルに電話をしてもらえれば分かる。と口ヒゲの人物に強く言った。

「ホテルは？」

「アレックス」

町の名そのものだから、間髪を入れずに応答できる。

電話の必要はなかった。上官らしい口ヒゲの人物が、そう判断した。ドライバー氏に向かって素っ気なく、

「行ってよい」

鎖を外して通してもらえるのかと思ったが、そうではなかった。Uターン、引き返せ。

私はエフハリストー＝ありがとう、と言ったが、引き返せの命令には少し引っ掛かった。芦の繁るこの小川の堤には、どこまで行けば西への抜け道があるのか、不安が続くからである。

「エフハリストー」は、だから儀礼だけだ。

再び小川沿いの綿畑が広がる小道に戻る。はるか遠くにかすむ丘は、どれもよく似た形でこれといった特徴がない。

先ほどの検問以後、しかし、車の中の空気は変わった。同行二人、なんとか帰り着こうじゃないか、という「友情」気分が支配的になっていた。

まず私が名乗った。彼の名はニコス。家には二人の子どもと奥さんと両親がいる。三十才の誕生日を迎えたばかり、という。じつはタクシーの仕事を始めてまだ一カ月と少しなのだ、とも。

荒地の中の一本道。

前方から黒っぽく動くものがゆっくり近づいてきた。やがてそれは道路いっぱいに広がった。

二百頭はいるだろうか、羊の群れである。先頭に立って羊たちを誘導しているのは、聡明な目をした黒毛の犬。群れが近づくと、ニコス氏は車を停めた。羊の群れと車の間に身体を割り込ませ、その先導犬は、濡れた黒い瞳で車内の私たちの様子をうかがっている。

群れの中心に若い羊飼いがいた。窓を開けてニコス氏が話しかける。若くやせた羊飼いの指した方向に、私たちの目指す町への道があるのだろう。

群れの最後尾も犬だった。走り去る私たちを振り返ったのは、その犬だけである。

最果て　テラシアの海辺で

風の町　アレクサンドウルポリ

アレクサンドウルポリは、人口五万人足らずの都市。エーゲ海の北端、テラシア海に向かって開かれている美しい町である。

夏、海岸に沿って建てられたホテルやカフェニオンは、満杯の若者たちでにぎわう。秋に入ると、引き潮に流されたかのように、長く広いビーチから人影が消える。店の多くは閉じられ、ひっそりと息をひそめて、翌年の復活祭を待つ。

夏が、陽の当たる大通り、表通りだとすれば、短い秋とそれに続く冬は、その影にひそむ裏通りに譬えられる。

長く続くトルコとの紛争。今も国境に沿って互いに軍を配備している「最前線」の町。わけても、険しく双方の監視が続くエヴロス川一帯は、観光立国ギリシャの裏の顔。険しい冬の現実そのものの風景であろう。

秋は、終日、北東の強い季節風にあおられる。

風は、大通りの枯葉を巻き上げ、ビーチの中央に立つしょうしゃな灯台と気まぐれに戯れ、やがて、雑踏の匂いもほこりもひとまとめにして海岸に運び込む。そしてついに、テラシア海の沖遠くにそれらを捨て去るのだ。

エヴロス川に捨てられたオルフェの頭部と竪琴が、はるか南のレスボス島にまで流れ着いたとされるギリシャ神話の伝説も、この終日吹き続ける、強い北東の風なしには語れないだろう。

ここは、風の町なのである。

町の大通りは二本ある。空港から市街地へ、そして町の中央を縦断して郊外に抜けているのがディモクラティアス通り。その通りに平行し、トルコに向かう駅、国鉄アレクサンドウルポリ駅から、海岸線に沿って続いていくのがメガル・アレクサンドウル通り。

町の中央の大通りに面したカフェニオンやホテルのロビーは、朝早くから老人たちが集まり、世間話に興じたり、のどかに居眠りをするためにその空間を占有している。一方、海岸の大通りは、もっぱら若者たちの専用地区のようだ。

スマートな造りのカフェニオンには、青い瞳の美しい女性たちが、軽快なギリシャポップスのリズムに金髪をなびかせている。

海の水は、夏の名残りを漂わせて暖かい。灯台を囲んだ、その名も灯台公園のベンチでは、老いた犬が一匹、近づく足音に関心を示すことなく寝そべっている。ビーチの中央、海に突き出した小さな岬には、漁船が数隻つながれている。すぐ東側に続く港には、サモスティラキやレスボス島に向かうフェリーボート。その船腹に重なってフリゲート艦。さらには灰色に塗られた沿岸警備隊の艦船が、静かに秋の陽を浴びている。

木曜日ともなれば、港の広場は青空市場でにぎわう。生きたニワトリから高級じゅうたんまで、市場にはすべての生活用品が並ぶ。

広場の入り口にある公衆トイレは、この日だけ、臨時に有料？になる。ナゼなら、ドアの前に募金用の帽子を広げた老人がイスを持ち込んで座っているからだ。

この人物のサービスは、アジアの街角のそれのように、トイレの手洗い台に並べるクシや汚れの目立つオシボリの類ではない。

男性用、女性用、それぞれのドアの周りには、鳥かごがいくつか吊るされ、手入れの行き届いたカナリアたちが、優雅な鳴き声のサービスに務めている。通りがかりの若い女性が、その老人に声をかけ、なにやら冗談に興じて笑い声をあげていたりする。

アテネの街角でモノを乞う人、行き過ぎる人とはひと味違った、なにやら家庭的とでもいえる雰囲気が、この町の人々を包んでいるのである。

青空市場のにぎわいは、ピッタリ午後三時には止まる。大通りの銀行も、商店も、トイレの前の老人の商いも、同じく三時には終わる。

教会の鐘が三つ鳴れば、人々は家路につき、秋の午後のシェスタに、ぜいたくな時間を当てるのだ。

午後三時を過ぎると、嘘のように通りの人影は消える。港の青空市場の跡は、ガランと空いた駐車場に変わる。

すぐ西隣りにある遊園地の空中観覧車が、天空に腕を突き上げる巨大な鉄くずとなって、オフ・シーズンの空虚を秋の空に訴えている。

イラク日本人旅行者の死

トルコとテッサロニキをつなぐ電車は、朝九時に駅を発つ。

プラットホームは、大きな荷物を抱えた商人風、皮のコートを羽織った紳士風、子どもを叱るのに忙しい家族連れなど、百人ほどの客で混み合っている。単線の最果ての駅にふさわしい、古びた小さな駅舎。

その前には、早くも一杯機嫌で鼻の先を赤くした初老の男性が、行き交う人々に大声であいさつをしたり、意味もなく笑い声を立てたり……。

やがて三両連結の車両が到着、潮風にさらされていたホームの客たちが素早く乗り込んだ。海を背景にした、秋の朝ののどかな光景だ。思わずカメラを取り出してバシャリ、とやる。酔っ払い氏がおどけて、オレを撮ったか、もう一枚写せよ、と身ぶり手ぶりでにぎやかにはやす。で、もう一枚、とカメラを構えると、突然駅員が飛び出してきた。

「止めろ、写真を撮るな!」

写真くらいいいじゃないか。硬いことを言うな。酔っ払い氏の加勢があるかと思ったが、意外にも駅員の厳しい態度に押されて身を縮めている。表情から酔いが引いている。軍の施設でもない。たかが一枚の写真がナニか駅員の管理者意識を刺激するのだろう。

アテネの友人のアドバイスが耳に残っている。カメラをポケットに突っ込み、早々にその場を退散した。

「ギリシャ人はホントに純朴。しかし、役人は違うぞ。トラブルを起こすとやっかいなことになる」

足早に駅から遠ざかる。胸に残る後味の悪さ。

ホテルのロビー。

老人たちに混ざってテレビのニュース番組に目をやりながらギリシャ・コーヒーをすすっていると、画面に日本人の若者の姿がアップになった。

「日本人旅行者、コーダ・ショーセイ二十四才。イラクで捕虜となっていたが、十月三十日に遺体で発見された」

さらに遺体の発見現場が映されていく。

テレビを見ていた老人たちの視線が、私に向けられている。

ロビーの常連客たちは、ロシア系の顔立ちをしたフロント氏から、彼はヤポネス。オフ・シーズンにこんな所まで、と聞かされているのだろう。

数日前、アテネで日本人の若者がイラクの抵抗グループに捕らわれている——のを読んでいた。が、その後の消息は知らない。

コーヒー代金、チップ込みの二ユーロ硬貨を置いて、テーブルを離れる。

街角のキヨスクで英字紙を買い、急いでホテルの部屋へ。

記事は、イラク関連の中につめこまれ、見出しもなく十四行。同盟国アメリカ、ニューヨーク発行の新聞だが、扱いは小さい。

末尾には小泉首相の「自衛隊は撤退しない」のコメント。

日本人旅行者・香田青年の死は、先に殺された外交官、それに続いた二人のジャーナリストのそれとは意味が違う。

戦場ジャーナリストの橋田信介氏には、生命の危険を抱え込んでても、自分の仕事を遂行する、という強い意志、覚悟のようなものが感じられる。使命を持った職業人の死だ。

情報が少なく、即断はできないが、香田青年のイラク入りには、彼らのような強い決意は読み取れない。

彼の行動は、自由で気ままな旅行者の感覚を、少しはみ出したにすぎない。そもそも旅行者とは往々にしてそういうものだ。

二〇〇四年十月。イラク派兵という国策によって殺された最初の日本人。香田青年の痛ましい死を、私はそう見る。

夜に入って国境の町に雨が降り出した。風の勢いは、さらに強くなってきた。北風に巻かれた枯葉が、部屋の窓をたたいて舞い上がる。風は大通りをこえ、海岸通りから海へ、さみしい晩秋の音を響かせながら、今は真っ暗になったテラシア海に消えていく。

神父を迎える人々の熱狂

ホテルの前の大通りに、朝から警官の姿が目立つ。

間もなくパトロール・カーが到着。大通りを走る車を止めだした。なにがあるのだろう、と歩道のヤジ馬に混ざる。

ホテルの向かいにある小学校の前にも人だかり。校門の前に数人のボーイ・スカウト、ガール・スカウトたち。彼らは二メートル近い棒を手にしている。かたわらで花束を手に、民族衣装をつけた子どもが数人。間もなく校門から、小学生たちが騒がしく通りに繰り出してきた。

大通りに高級車から降りてきたスーツ姿の男性が数人。彼らを追うようにテレビ・クルーの姿も。そのクルーと話している、マイクを手にした男性に声をかける。

「なにが始まるのか、パレード？」

旅行者のぶしつけな質問に、彼はむっとした表情。私のいでたちを上から下まで、四秒ほどかけて値踏みした。

「新しいトロピカル・リーダーが来るんだ」

私には、トロピカルの意味が分からない。人だかりはさらに大きくなり、今では大通りの両側、歩道いっぱいに人々がつめかけている。整理の警官が忙しく動き回り、大通りにはみ出した人々を歩道に追いやっている。私も整理の対象だ。スーツ姿の「マイク」氏は冷たい目で早くここを去れ、と促している。

本を抱えた学生らしい若者に同じ質問をした。が、答えは同じ。ニュー・トロピカル・リーダーが間もなくここに来る。

「その人物の名前は？」と私。

彼は聞き取りやすいよう、ゆっくり、大きく口を開いて
「アンティモス」

「アンティモス？　それは政治家？」

私の質問に戸惑ったすえ、説明できない、と気の毒そうに言う。「アンティモス」に反応がない人物に、さらなる説明はムリなのだろう。

ほどなく、そのアンティモス氏がやってきた。大通りのはるか彼方に彼の乗った

車が着いた時、待ちかねた群集からウォ〜というどよめきが上がった。

アンティモス氏は、町で一番大きな教会の主教として着任したのだ。

彼が数人の司祭たちを従えて車を降り立った時、「アントン、アントン」と叫ぶ人々の声で、あたりは異様な熱気に包まれた。老人も、中年者も、若者も。頬を紅潮させ、口々に「アントン、アントン」と叫んでいる。

ギリシャ正教の荘厳な衣装をまとったアンティモス主教は、その声に応えてゆったりと両手をかざし、深みのある静かな微笑、職業的なそれ、を返している。

主教一行が進む背後に、群衆が殺到する。先ほどのボーイ・スカウトたちが互いの棒をつなぎ合わせ、人々の暴走を小さな体で防いでいる。

町の人々の興奮、この異様な熱狂はどうだ。

アンティモス主教は、この国でカリスマ的な指導者なのだろうか。あるいは、新しく着任したどの主教にも、人々は全身でこのように熱狂的な歓迎を表現するのだろうか。

町の中央に設けられたステージに、やがて一行が到着。主教が演説を始めた。マイクを通してその声が町中に広がっていく。

最果ての小さな町。そこにいきなり巻き上がった興奮の渦。

数千人の群衆の熱気に当てられ、この日の午後、およそ宗教的熱狂にはほど遠い私の戸惑い、奇妙な興奮はなかなか収まらなかった。

海岸通りのカフェニオン

夕ぐれ。

広く長い海岸通りを散歩していると、タクシーが一台近づいてきた。

「よお！」

と親しげな声。ニコス氏だ。カフェニオンの一軒を指さして

「コーヒーを一緒にどうだ」

「いいよ、あの店か」

ニコス氏は、この前と同じ革のジャンパー姿。長身で、スマートである。ちょっ

ぴり遊び人風だ。

店の名は「ヘラ」という。美しいウェイトレスのいる店だ。ここのテラスからは、水平線に沈んでいく大きな夕陽が独り占めにできる。

並んで入って行くと、輝くばかりの笑顔で
「ビール？　ギリシャ・コーヒー？」

と、彼女が私に聞く。

「なんだ、知ってたのか、よく来るのか？」

と、ニコス氏。少し不満気だ。

「日本にはいつ帰るんだ？」

「まだしばらくギリシャにいる」

「アテネか？」

「そう、間もなくアテネにもどる」

「飛行機か、船か？」

「飛行機」

そんな会話の間にも、ニコス氏はチラッとウェイトレスの動きに目をやっている。彼女の立っているカウンターのあたりから、軽快なギリシャ・ポップスが流れている。

「アテネに行ったことは？」

と、聞いてみた。思っていた通り、答えはノー。

「オレは他所から来たんだ。アテネは知らない」

先日のドライブでニコス氏に払った百ユーロは、おそらく彼の三日分くらいの稼ぎだろう。だからコーヒーを一杯ごちそうになっても、サイフは痛まないだろう。

彼はこれといった用件を切り出さず、互いに英語はそう達者ではない。だから、いきおい沈黙が続き、私はばかな計算をしてしまう。

ニコス氏の携帯電話が鳴った。席を離れて呼び出し音に応え、急ぐ風もなく、勘定を済ませてもどってきた。

「ありがとう」

と私。これはごちそうさま、の意味だ。

いや、と言って、ニコス氏は座り直した。じっと私の目を見ている。

「あれから鳥を見に行ったか？」

「いいや」

「そうか。もう行くな。特に夜は絶対にあそこに近づくな」

分かったか、と念を押す。

……。「分かった。ありがとう」

立ち上がって、さらになにかを言おうとしたが思いとどまったようだ。笑顔をつくり、元気でな、と右手を上げ、くるりと背を向けた。

ニコス氏の車の発車音を聞きながら、私も席を立った。

彼の警告の意味を考えなければいけない。私の姿を見かけ、それを伝えてくれた、ほのかな友情の意味をも考えないといけない。

心配げに私の方をうかがっているウェイトレスと目が合った。

「あそこへはもう行くな」厳しく私を制したニコス氏の声が、彼女の耳にも響いたのかもしれない。

晩秋のアテネ　二つの躍動

国際アテネ平和マラソン

十一月のアテネでは、二つのイベントがある。その一つは、海外のマニアにも広く知られている。が、二つ目の十一月十七日の国内イベントに関しては、日本では報じられることがない。

一つ目が、マラトンの丘からアテネまで、四二・一九五キロを競う国際アテネ平和マラソンである。

このマラソンには、かつて作家の村上春樹氏も参加している。氏の著作によれば「グリゴロス・ラブラキスという有名な陸上選手を記念して開催されているもの」。彼は一九六三年、平和のためのマラソンを走っていたところを逮捕され、専制的な政府により、翌年テッサロニキで殺された。

このマラソンの起源は、ギリシャの現代史によっているのである。

二〇〇四年、十一月の第一日曜日、午前十時。

ゴールとなるパナシナイコ・スタジアムは、すでに観客、サポーターで満員。国際色豊かな観客席には、無邪気な熱気があふれている。晩秋の空は澄みわたり、リカベトスの丘も、白く輝いている。

マラトンの丘からアテネを縦断してきたランナーたちは、そのゴール、スタジアム前の坂道でいったんUターン。最後の力をふりしぼって、観客たちの待つスタジアムに駆け込んでくる。先のオリンピック女子マラソン、ゴール前のデッド・ヒート。先頭で帰ってきた野口みずき選手が、後続の選手に距離を詰められた、あの記憶に新しい走路を走って来るのである。

にぎわう観客席を見渡して、待つことしばし。

十時四十二分、トップのランナーが帰ってきた。

スタンドから大きな拍手。続いて歓声がわき上がる。スタジアムの時計は二時間十七分を指している。ランナーは、黒い肌に長い足。実に力強いフットワークである。続いて二位の走者、彼の肌も黒い。さらに三、四位。上位はすべてアフリカ系の黒い肌の選手たちである。

その後、がなかなか帰って来ない。中休みがあって、ようやく五位以下のランナーたちが一団となって帰ってきた。スタジアムに入って、コースを一周する。そのラスト・スパート。ゼッケン三十と三十二をつけた二人の白人男性が、懸命に競い合っている。もがき合っている。アマチュアなんだから、いってみれば、遊びなのだから、そこまでやり合うことはないのになぁ。つい苦闘する二人に同情してしまう。この両人は私のような怠け者とは別の世界。はるかに高い次元に入り込んでしまっているようだ。今や、必死の形相で、ラスト・ランに没頭している。

二人はほとんど同時にゴール・イン。力尽きて仰向けに寝転がったのまで、ほぼ「同時」だった！

スタンドの声援は、どの選手にも等しく大きい。

五位以降に帰ってくる選手たち。彼らの中には、スタジアムの入口に通じる最後の坂道で、道路に座り込んでしばし休憩、という選手も。そんな彼らも、スタジアムに入れば、観客の声に押されて無事ゴール・イン。苦行の後の大きな達成感に、すっかり陶酔している様子だ。

スタンドを埋める観客。その姿、肌の色、年令、それらもまさに多彩。青空の下で一人ひとりが、高揚し、拍手を送り、そして笑っている。

すべての人々が、いちように頬をゆるめ、笑顔を弾ませている。こんなにたくさんの笑い顔に出会ったのは、初めての経験である。


ゴール前には、オリンピックの時と同じ、赤い制服の音楽隊がランナーたちを迎えているのだが、彼らの表情もゆるみ、列も乱れたままだった。観客、ランナーはもとより、イベントに係わった人たちも楽しんでいるのである。表彰式や、国旗掲揚がないのも楽しい。

間もなく「ブラボー、ブラボー」の大合唱。

スタジアムに、女性の走者が帰ってきたのだ。やがて、老ランナーが両手を高くかざしてゴール・イン。

秋晴れ、あっぱれのコースでのクライマックスを飾った。

「十一月十七日」が告げるもの

十一月十七日。オモニアからシンタグマへ、さらにコロナキ地区に続くアテネのメイン通りは、異様な緊張で静まり返っている。早々とシャッターを降ろした店も多く、車の通行は禁止。大通りのあちらこちらに配備された警官隊が、緊迫した表情で「その時」に備えている。

間もなくこのメイン通りに、大勢のデモ隊がやって来るのだ。オモニアのアテネ工芸大学を出発した学生や市民たち。そのデモ行進の一行が、路上に立つ市民を抱き込み、大群衆となってシンタグマ広場からアメリカ大使館に押し寄せるのである。

一九七三年　十一月。

約三十年前のこの日。アテネ工芸大学に立てこもっていた学生たちに、軍と警官隊が突入した。学生たちは戦車に立ち向かって引かず、大学構内は、二十人以上に及ぶ（一説では百人とも）犠牲者の血で赤く染められたのだ。

悲劇はナゼ起こったのか。

東西冷戦が続き、バルカン半島に危機が深まっていた一九六七年。アメリカの後押しを得たとされる軍人がクーデターを敢行。「民主政治」発祥の地・ギリシャが、ふたたび軍事独裁の国になった。

第二次大戦では、ドイツ軍に占領され、ドイツ敗退の戦後には、息つく暇もなく内戦が始まった。その内戦がようやく終結し、平和が訪れたかに見えた。そんな中での政治的急変、市民たちの受難である。

「ギリシャ人に生まれるというのは、とてつもなく困難なことだ」。

女優であり、政治家でもあったメルクーリは、書いている。

他国の軍隊であれ、自国のそれであれ、軍事独裁下にある市民は、どれほどの屈辱を耐え忍ばねばならないか。彼女はこう続ける。

「自由は奪われ、品位はおとしめられる。最大の屈辱は、自分自身の中に生じる恐怖心だ」。

軍事政権に抗し、まず若者たちが、学生が起ち上がった。「恐怖心」に向き合った。やがてその動きに市民が呼応。反独裁の大きな波が立ち上がろうとした時、今度は独裁者の「恐怖」がキバをむく。反抗の拠点となったアテネ工芸大学に、武装警官が襲いかかったのだ。

十一月十七日。

この日のギリシャは、そんな悲劇を伝える歴史的な一日なのである。

「旅行者気分で大通りに出ないほうがいいよ。間違っても大学付近には近づくな。デモはいつも大荒れになるから」

この日、友人のアドバイスを聞き流し、死者たちを弔う大学構内のミサに、私はそっと紛れ込んだ。

大学周辺には、すでに大勢の学生たちが詰めかけている。大通りいっぱいに、人があふれている。

キャンパスに据えられた大きな鎮魂像。それは、首を切られながらも、両目を大きく見開き、虚空をにらんでいる。

鎮魂像には、赤いカーネーションが捧げられ、ミサに訪れる市民たちの列が絶えない。

午後二時三十分。横断幕を掲げた先頭集団が動き出すと、道路にあふれていた市民たちが、道いっぱいに広がって歩き出す。

空にはヘリコプターが舞い、十字路には機動隊が詰めている。その鼻の先を、道いっぱいに広がったデモの群衆が進む。


学生と警察部隊が衝突した翌年、一九七四年。キプロス問題への対応の失敗も重なり、独裁政権は崩壊した。ギリシャにようやく自由がもどったのだ。

「政治犯」とされていた市民や学生は獄から解放され。海外の亡命者たちも、歓喜の輪の中にもどってきた。


晩秋から冬へ。落日が早まり、夜明けが遅くなるこの季節を、人は「政治の季節」

と呼ぶ。もとより、二人の討論者がいれば三つの政党ができる、とまで言われる議論好きなギリシャ人気質だ。

「十一月十七日」が、その季節の始まりを告げる鐘音となっているのであれば、三十年前の犠牲者たちは無意味ではない。

勇気をもって行動すれば、政治は変えられる。

あの時の彼らの勇気が、きょうの市民的自由を切り開いたのだから。

この日、大通りを占拠した群衆は、激流となって、シンタグマ広場に押し寄せた。広場では各グループ代表がメッセージを読み上げ、激しく熱いスピーチが延々と続く。群衆の大歓声が今ではどよめきとなって、快晴のアテネの空にこだましている。

これが晩秋のアテネもう一つの顔。現代ギリシャの情景である。

CHAPTER 4 冬

詩人公園の小泉八雲像

生き残る最適者は自然と共生できて
わずかなものに満足できる者である

――小泉八雲『極東の将来』

イオニア海の美しい島々

プレヴェザ空港へ

ギリシャの西、イオニア海には七つの島がある。レフカダ島は、その一つ。本土とは長い橋でつながれている、美しい緑の島である。

アテネからプロペラ機で一時間。プレヴェザに降り、そこから車で三十分ばかり。バスを利用すると、アテネ市内のキフィス・バスターミナルからペロポネソス半島を北上、片道約六時間の小旅行となる。

一八五〇年(江戸時代末期・嘉永三年)ラフカディオ・ハーン=小泉八雲はこの島に生まれた。父はイギリス人、母はギリシャ人。父は軍医としてイオニア諸島に派遣されていた。

アテネ↓プレヴェザ間の飛行は、コーヒー一杯を味わう距離にある。

プロペラ機がうれしいのは、眼下に広がる風景をゆっくり楽しめることだ。

ただし、悪天候で飛行機が揺れなければ、の話だが。

空港での安全チェックは厳しいが、定員三十人の機内に乗客は十人ばかり。空いた席なら、どこでもどうぞ。機内では、太ったスチュワーデスさんもおおらかなものだ。

正午、快晴。

プロペラ機は快適に高度を上げる。眼下にペロポネソス半島が広がっている。ちぎれ雲と共に、それがゆっくり視界の後方に去っていく。

ここから先はイオニア海。北欧人が憧れる、冬を知らない暖かい海だ。飲み物が運ばれてきた。熱いコーヒーをゆっくりすすっていると、間もなく着陸、のアナウンス。

ガランと広い空地のような空港に、機はゆっくりと降りる。空港とその周辺は撮影禁止。ここは軍事空港なのだ。空港出口のガラス戸に、行方不明の子どもを求めるポスターが張られている。

「八才、身長百十センチ、瞳はブラウン、髪はブロンド……」幼い気弱そうな眼が、まっすぐこちらを見ている。異国の旅行者の私にも、助力を、情報を、と訴えている。昨年、アテネの地下鉄で見かけたポスターだ。あれから一年が過ぎている。どこかで無事に生きていれば、この少年は九才になっている。

客待ちのタクシーに行き先を告げる。

「二十五ユーロ＝約三千四百円」

案内書には、車で三十分の距離とある。

「高いじゃないか」

と、一応は抗議する。

「荷物込みの値段。ほら、ここに料金表の一覧があるだろう」

ドライバー氏は車のグローブからそれを取り出す。値段の交渉は終わっても、タクシーはなかなか出発しない。相乗り客を探しているのだ。相乗りがいても、客ひとりの値段は同じ。八月のオリンピックでは、旅行者に不評の相乗り制は禁止されたと伝えられた。が、実状はアテネも地方も変わっていない。役所の通告より、長く続いた商習慣の方が尊ばれるのは、ここも同じである。なんといっても収入が違う。

タクシー乗り場に直行したのは、どうやら私ひとり。最前列の座席にいた神父にも、お迎えの車が着いた。

「他に乗客はいなかったか？」

ドライバー氏が尋ねてくる。

「乗客は約十人、もうみんな降りたね」

「じゃ行こう。この辺はカメラだめだよ」

と、ドライバー氏。車をスタートさせると、そのまま加速して時速は早くも百キロをオーバーしている。この国のドライバー氏は、一般道路も百キロ以上で走らないと気が済まないのだろう。

雨に濡れた石畳

島の手前、イオニア海の入江にベネチアの要塞跡がある。ベネチア、フランス、イギリス。さらには東方の大国、オスマン・トルコ。かつてこの島の支配を争った列強の名残りである。

永い年月にさらされた城壁は崩れている。が、放置された大砲が、今も錆びた砲口を静かな冬の海に向けている。岩礁をつなぎ固めたような長い堤を渡っていくと、車は家並みが美しく整えられた町、レフカダに入る。

島の面積は三百キロ平方メートル。東側にマリーナがあり、ビーチに沿ってカフェニオンが並んでいる。ビーチは奥（北）に向かうほど狭くなり、やがて鋭く先のとがった断崖になっている。レフカダは、冬も木の葉が枯れることのない緑の島だ。

「オフ・シーズンも開いているホテルは四軒。三軒は港の大通りに面している。そこから少し町に入ったところにも小さなホテルがある」

「一泊の値段を教えて欲しい」

「値段？　それは分からない」

私の質問に、ドライバー氏の説明が続く。公平を期すため？　か、ゆっくりホテル名を挙げていく。その一軒、サンタ・マリアにしよう、と決める。彼はそのホテル名だけ、二度口にしたからだ。

冬のギリシャは、よく雨が降る。

青空に雲が広がると、急に雨が降ってくる。その多くは通り雨だ。急ぎ足でやってきて、石畳を濡らす。そして、まるで南国のスコールのように、再び急ぎ足で去っていく。

濡れて光る石畳。その水滴が乾かないうちに、通りには再び人々が繰り出してきて、町は午後のにぎわいを取りもどす。

雨宿りをかねて駆け込んだ図書館で、小泉八雲に関する消息を尋ねる。

優美な鉄の門柱にふさわしい、古い石造りの図書館の執務室。対応に出た図書館員の一人は、まるでこの日のために暗記していたかのように

「ヘルンの生家跡は、あいにく市の整理区域に入っていて、今は見ることができません。彼に関連するものは、ミュージアムに保管されています」

と、英語で淀みなく説明する。

ハーンは、ギリシャ語での発音ではヘルンとなる。

「それはどこですか？」

町で手に入れた島の全図を広げて問うと、え〜っと、これでは地図が大きすぎるわ、とばかりツーリスト用のポケット地図を取り出してきて、ていねいに答えてくれる。

「レフカダのことなら、なんでも聞いてちょうだい。旅行者の質問なら、どんなことにも答えますよ」

フチなし眼鏡の向こうの、感じやすそうな青い瞳には、雨に追われて迷い込んできたかのような日本人旅行者への、ちょっぴりの好奇心が感じられた。

その好意に甘え、質問のいくつかを重ねる。

「この島にも雪は降りますか？」

「サッポーが身を投げたという断崖には、近づくことができますか？」

「サッポー」の質問に答えるときだけ、彼女の眉が少し曇った。彼女の表情に陰りを与えたものはナニだったのか。その時に胸に浮かんだのとは別の理由に、やがて私は行き着くことになる。

紀元前七世紀の伝説では、女性詩人サッポーは、失恋の痛みに苦しみ、島の最南端、ドゥカート岬の断崖から身を投げた、とされている。

老船員と酒場で

大通りを散歩していると、年季の入った船員帽の老人をよく見かける。日本人か、と声をかけてくるのが多いのは、地方の町もアテネも同じだ。船員以外の町の人々には、一人で歩いている東洋人は、ほとんどが中国人に映るようだ。

大抵の船員は、懐かしそうに、ヨコハマ、コーベと港の名を口にする。こちらが応じていると、決まって「ゲイシャ」。日本はよかった。日本人は親切だ、と。

閉ざされた船の中の生活では、オカに上がれば会えるひとときの女、ゲイシャは、愛と安らぎの代名詞になっているのかもしれない。

額の深いシワ、疲れた目。その眼もと、口もとからただよってくる寂しげな風情。それに引かれて、誘われるままに地酒、ウゾをごちそうになった。

夕ぐれ、海辺の小さなタベルナ。入ってくる客ごとに、男たちはにぎやかに声をかけ合っている。客の皆が顔見知りなのだ。しかし元船員だという老人は、そんな光景に見向きもしない。彼と店に入ったときも、ダレも声をかけてこなかった。

向かい合って座ると、黒い船員帽には所々に穴があいている。帽子のしわと汚れで、その穴の半分がおおわれている。

この黒い帽子とともに、彼は青春の日々を過ごし、年老いて、この港に最後の錨を下ろすことになったのだろう。

ここが故郷？　家族は？　つい尋ねる気持ちになった。

「家族？　そんなものはないよ。こいつが家族だ」

と、ウゾを指す。

「あんたは一人か？」

と、聞き返してくる。

「いや、家族がいる」

「旅行はいつも一人なのか？」

「大抵は一人」

「そうか。旅は一人がいい。ワシはいつも一人だ」

酔いが回るにつれ、老人は英語を話さなくなった。理解できないギリシャ語のひとりごとに、うなずいている自分が少々なさけない。

立ちにくい席をやっと立ち、お礼をいった時には足元がふらついた。

冬のレフカダで今夜、一人でベッドにもぐり込む男が、少なくとも二人はいる。

冬の旅　映画「エレニの旅」の幻想

夜になって、雨足が強くなってきた。

きょうはレンタル・バイクを借りて、町を抜け、小高い丘を駆け回ってきた。その疲れもあって早い時間からベッドに入ったのだ。が、雨音で目が覚めた。

時計の針は、午前一時を指している。雨音に混ざって、人の声のようなものが聞こえる。風の音かな。いや、窓のよろい戸は閉まっている。

風ではない。人の声だ。それも、すすり泣き。私の意識がはっきりしてきた。

そっと、ドアを開けて廊下に出た。声の出どころが分かった。ま向かいの部屋。確かに人が声を殺して泣いている。若い女性の声だ。泣き声は次第に激しくなってくる。こうなるともう眠れない。

＊　＊　＊

テオ・アンゲロプロス監督の映画「エレニの旅」は、河のほとりに立つ三才の幼児、エレニのシーンから始まっている。彼が描くギリシャの風景は、私たちがよく目にするグラビア写真のそれとはかけ離れたものだ。

雨にぬかるんだ道。オーバー・コート姿の人々。その肩に雪が舞い、町も山も雪におおわれていく冬のギリシャ。それも厳冬のギリシャ北部のシーンが多い。

そんな冬の風景、時代を、孤独な女性エレニは旅する。

大きな河のほとりに始まった彼女の旅は、河のほとりで二人の息子の死を見届けるシーンで終わる。

映画のストーリーを、詳しく追おうというのではない。映画の舞台はギリシャ第二の都市、テッサロニキになっている。が、あの河のほとりの風景は、国境を流れるエヴロス川にも似ている。

一九一九年、ロシア赤軍の侵入で難民の孤児となったエレニ。苦難のなか成長し、愛を知り、やがて夫と子どもを得る。が、夫はアメリカ兵として出征、沖縄戦で死ぬ。

国策に抵抗した恩人をかくまったことから投獄され、やがて彼女も死ぬ。映画終盤のエレニの旅は、だから彼女の「死後の旅」なのだろう。死者が生者を巡礼する鎮魂の旅、という見方ができる。

第二次大戦後、息つくひまもなく始まったギリシャの内戦。二人の息子、双子の兄と弟は、敵・見方に分かれて銃を向け合い、やがてどちらも命を失う。アンゲロプロスの映画の多くがそうであるように、この映画にも救いはない。

河のほとり、今は霊となった母エレニが、死者となった息子と対面する。これは「能」の世界だ。息子を探し、ついに正気を失った母が、息子の死を知るというラストは、日本の能「隅田川」の一場面をほうふつさせる。

死者は、もうすべてを失ったのだから、何も恐れるものはない。喜怒哀楽の感情からは解き放たれたのだから。

しかし、映画のヒロイン、エレニは、愛する息子たちの死を次々に目撃し、耐えきれずついに大声を上げて泣く。

彼女が発した獣のように悲しい泣き声、叫び声が、スクリーンをつき破って、観る者の胸に突き刺さる。アンゲロプロスの映画には、打ちひしがれ、再び立ち上がる力を失った、悲しい女たちの姿がいつもある。

しかし、……しかし。映画という、完成された作りものの世界より、もっと悲しい目の前の現実を、人は生きている。

＊　＊　＊

少しの距離と時間を隔てたところから見れば、なんでもないような小さな宇宙の中で、人は追いつめられ、切羽つまり、時には泣き声をあげる。狭い世界。例えれば五メートル四方にも足りないような、小さな世間。その人間関係の中で人は生きているからだ。

深夜。一人の泣き続ける女性が、私の部屋の前にいる。オフ・シーズンの静かなホテル。私がドアをノックしない限り、彼女の孤独に声をかける者はいない。

冬の島の遅い夜明けを待ちながら、私は、アンゲロプロスの作った美しい映像、そのシーンの一つ一つを、胸に描いては消していた。

さすらう詩人たち

サッポーの岬　I

朝、窓を開けると冷気と一緒に雨音が入ってくる。

テラスのイスが、きのうと同じ姿勢で、きょうの雨に濡れている。食堂に降りていくと、イギリス人の老夫婦がすでにテーブルについていた。

女性客の姿は見当たらない。

「おはようございます」と私。

「おはよう」

と、老夫婦の儀礼的な笑顔。

泊り客は何人かいるはずだが、朝食込みの宿泊は、どうやら私をふくめて三人のようだ。

宿の女主人が、朝食を運んでくる。彼女は、物静かで、笑顔に品がある。七十代だろうか、左足が少し不自由なようである。

「カリメーラ」

親しみのこもった、おだやかな声だ。

彼女にはきょう、頼みごとをしているのだ。

「雨ですねェ」と私。

「エエ、でもこの雨は間もなく止みますよ」

食堂から中庭が見渡せる。ブドーの季節は終わり、ジャスミンがしなやかに枝を伸ばしている。ハイビスカスの赤い花は、雨に打たれてさすがにうつむいている。


雨は昼すぎに上がった。

フロントに下りていくと、タクシー・ドライバー氏が、女主人と談笑しながら待っていた。

「用意はいいか。さぁ行こう！」

と、声をかけてくる。陽気な人物だ。中肉、中背。アメリカの俳優、ブルース・ウィルスに似ている。

島の最南端、ドゥカート岬まで行きたい。距離もかなりあるので、とタクシーを手配してもらっていたのだ。

大通りは、歩行者天国のように混み合っている。しかも、顔見知りが通るたび、ブルース氏は車を止め、窓を開けて、にぎやかにあいさつ、愛嬌を振りまいている。

町を過ぎると、車は例によってフルスピードで山道を走る。

標高が高くなってきたことは、風景で分かる。窓の外を、針葉樹林が一目散に遠のいていく。

山肌にかじりつくように、小さな集落がある。村への小道に「蜂蜜あります」の質素な看板。農家は養蜂業のようだ。左にレフカダ島の最高峰、ソウラキが迫ってきた。

極寒期になると、この山頂に雪が降る。渓谷にある教会は、雪に埋まることもあると図書館の司書が教えてくれた。麓から海へは、なだらかな傾斜が続き、やがてそれは切り立った崖に変わる。

道は急速度で右へ、西側にカーブし、イオニア海から吹きつける強い風に押されながら、岬に続く一本道をひた走る。

走り続けて約二時間。やっと景勝地の一つ、ポート・カツキに着いた。ここから先は細い土道になる。

「ビーチに下りてみよう。海岸は美しい。夏は旅行者でいっぱいになる」

「いいや、必要ない」

「どうして？」

「関心がない」

あまりに素っ気ない答え方だが、冬の午後のことだ。時間にそう余裕はないのである。

不審な表情のブルース氏に、もう一度ドライブの目的を告げる。

「ドゥカート岬に行く。灯台があるその断崖が見たい。そこに立ちたい」

砕いた石で両側を固めた、細く曲がりくねった小道を進む。喬木の向こうに、ようやく目指す岬が見えてきた。風が強い。ゆるやかな下りに入った小道は、さらに険しさを増してくる。ブレーキを踏むと路肩が崩れ、車がズルッと草むらにはまり込む。その草むらの二メートルほど先に、鉄刺線が張り巡らされていた。

「あれはナニ？」

「知らない。あそこに入ってはいけないんだ」

「車を停めてくれ、ここでしばらく休む」

車を出ると、海から吹き上がってくる強い風で、思わず中腰になる。

レヴロス川沿いに埋められていた邪悪なものが、こんな風景の中にもあった。

島は海で他国につながる「国境」なのだ。

サッポーの岬　II

イタリア行きの船から眺めると、女性詩人サッポーが身を投げたというドゥカート岬は、切り立った白い岩礁の上に大きな「緑の鳥が羽根を広げたかのような姿」だという。

「緑の鳥」の、細い背骨から、灯台とその向こうに広がるイオニア海を見下ろす光景は、その数倍の美しさで断崖に立つ者の心を奪う。

間断なく吹きつけて来る風に、少しでもバランスを崩せば、一瞬のうちにあの崖の下、渦巻く青いじゅうたんの中に自分は消え去るだろう。

その緊迫感が、壮絶な断崖の風景を、さらに輝かしいものにする。


サッポーは、夫の死後、子どもを育てながら、結婚前の娘たちに詩や音楽を教えていたという。美しい娘たちをうたった愛の詩が多いことから、同性愛の詩人とみられ、彼女の暮らした島の名、レスボスが、レスビアンの語源になった、といわれている。

しかし一方でサッポーは、パオンという美しい青年に恋し、その恋に敗れたとも伝えられている。この断崖から身を投げれば、死にきれなくても恋が癒される、という迷信を信じ、レフカダの岬を目指した孤独な女性だった、と。


冬の陽は、早くも西に、イオニア海の水平線に傾いている。

雲が光をさえぎる中、太陽は、あえぐようにして短い一日の生命を終える。沖を行く船は、今は小さな灯りとなって、おぼろげに水平線のありかを示している。岬の真上を東から西へ。大きな弧を描いていく二本の飛行機雲が、あかね色の残照の中に溶け込んでいく。

夕星は／かがやく朝が散らしたものを／みな連れかえす
羊をかえし／山羊をかえし／幼な子をまた　母の手に／連れかえす

——サッポー

サッポーは、こんなに素朴な詩をつづる女性だった。

岬からの帰りを急ぐ車の窓に、早くも星々が降りだした。

詩人公園の小泉八雲

小泉八雲が生まれた町、レフカダと、彼が五十四才で生涯を閉じた地、東京都新宿区は、友好都市になっている。

レフカダの町の入り口、通称、詩人公園には、レフカダに縁のある三人の詩人と並んで、八雲の胸像が立てられている。

八雲の像は西向き。彼と向き合って東の空を眺めているのが、女性の抵抗詩人、ディプラ・マラムウだ。以前は四体だった胸像に、二〇〇四年、新しくゴアエミースが加わった。

八雲の胸像は、新宿・大久保の八雲記念公園にあるのと同じ。つまり、失明していた左目が健在だ。これにはナニかの意味があるのだろうか。

公園に子どもが三人、サッカーボールをかかえてやってきた。

胸像を指さして

「この人はダレ?」と、聞いてみる。

子どもの反応はない。年長の悪ガキっぽい少年が、なんだョ、という表情で近づいてくる。同じ質問をくり返すが
「……?」

英語が通じないようだ。それに加えて胸像に関心もなさそうだ。

子どもたちは、公園の中央に立つ私に遠慮がちにボールを蹴りだした。ここは彼らの遊び場なのだろう。

見ていると、器用にボールを蹴っている。が、もう一つパワーがない。彼らがひと息つくのを見はからって
「ボールを貸してみな」

身振り、手振り。ボディランゲージは、世界共通だ。ボールが届いた。公園の隅に立っているゴミ箱を指さし、

「見てろよ」と私。

ワン、ツー、スリーのタイミングで、思い切りボールを蹴った。靴音に続いて、

ゴーンと的中音。ゴミ箱は、みごとに後ろ倒しになった。子どもたちは、いっせいにほお〜と感嘆の声をあげる。もう一度やれ、と悪ガキ君がボールを持ってくる。が、誘いには乗らない。多分、二度目は外れるだろう。外せば、彼らのせっかくの敬意を失うことになる。

銅像の建つ公園というのは、寂しいものだ。草は風に動き、木は空に向かって伸び続ける。雲は走り、雨は流れる。なのに、銅像という無機質な造りモノは、身を躍らせることがない。そこだけ時間が止まっている。

それが記念碑というものだ、といわれればそれまでの事なのだが。いつかこの子どもたちも、教師に引率されて公園に立ち、郷里の生んだ詩人の一人として、八雲について学ぶ日もあるのだろう。

イオニア海に面したレフカダは、古くから海外列強の侵攻、支配に苦しんだ歴史をもっている。

十九世紀、イギリスの支配が強まり、島の人々が激しくそれに抵抗した。八雲の父、チャールズは、鎮圧に派遣されたイギリス軍の一員だった。島の娘、ローザと恋に落ち、やがて……。

八雲は、島の人々に歓迎されない恋の後に、この世に生を受けた。異なった二つの文化と二つの歴史。そのはざまに生まれた宿命の子であった。父、チャールズは、母との出会いの後アイルランドに帰国。残された母は、ただ一人、このレフカダで八雲を生んでいる。

冬の日のミュージアム

午後。ひとときのしぐれの後、町に大きな虹がかかった。その虹の足もと、北に伸びる海岸通りの一角にミュージアムがある。

大理石の大きな石段を登り、広いホールの二階に向かう。

階段の踊り場に、松江時代の八雲の写真パネルが吊るされている。彼の旧宅、その門構え、屋敷の中庭の写真。それぞれのパネルに日本語の説明が付けられている。見なれた八雲の消息だが、レフカダのホールで目にすると新鮮だ。

二階に上がると、その奥の部屋は吹きぬけの広い展示室になっている。しかし、部屋の灯りがついていない。

さて、と思案する間もなく。部屋中が明るくなった。専門員らしい、ギリシャ人にしては珍しくほっそりした女性が近づいてきた。

「こんにちは」

目元にほほえみがある。五十代だろうか、落ちついた振るまいだ。

「どこから来られたの?」

答えると、矢張りね、という表情である。彼女は二階に上がってくる私を、どこかで見ていたのだろう。目的が八雲だと分かると、彼女の動きは活発になった。

つい先ごろ、ここで八雲・没後百年の記念イベントが催された。その時の様子を写した写真アルバムがこれ。その写真にある茶室はここに設定され、私もお茶をいただいたワ、と、アルバムをめくりながら、彼女の説明が続く。

写真では、和服の男性が茶をたて、ブロンドの若い女性たちがその周りを囲んでいる。

彼女は、中央の口ヒゲの日本人男性を指さし、え〜っと、と彼の名を思い出そうと努めているようだ。が、名前が浮かんでこない。彼女のその仕草が、同じく物忘れ年令の私には、なんともほほえましく映る。

口ヒゲの人物は、八雲の孫、小泉汎氏ではないか、と思ったが、口にしなかった。確信がなかったからだ。

次に彼女は、画用紙に描かれた日本の小学生たちの絵を広げる。

「これは……」

「新宿小学校四年生、橋本ハナの作品ですね」

「そう！　そうなの。日本の小学生の作品よ」

今度は確信があった。絵の下に小学生が自分の名を書いてあったからだ！

レフカダでは、異郷で活躍した八雲を知る人は少ない。しかし、死後百年を経て、彼のことを「私のヘルン」と呼び、親しみと尊敬をもってその業績を語る人々がいる。

私がレフカダの地を踏んだのは、没後百年イベントの後の、そんな冬の日のことだ。

EPILOGUE

アテネにもどり、数日を過ごした後、国際空港を深夜に発つ。

空に満月。月の光を浴び、街も空港も青く染められている。

眼下の海に遠のいていく島。その一つ一つが淡い月の光に包まれ、眠っているかのようだ。

地図に示されたはるか東の島、日本は、夜明けを迎えている時刻である。

まもなく、冬の日の一日の暮らしが始まる。そんな時刻である。

あとがき

ギリシャを初めて訪れたのは七〇年代の終わり。旅行者の多くがそうであるように、パルテノンの偉容に心を打たれ、エーゲ海の美しい島々に息を呑む、ただただ幻惑の日々であった。

あれから三十年。

今回の旅の主眼は、世界遺産や名だたる景勝地を巡ることにはない。ギリシャに暮らしている人々、その明け暮れの生の姿に接したい。彼らの日々の哀歓に少しでも触れてみたい、というものである。

筆を置いた今、取材ノートを読み返し、ケヴィン・アンドリュースと魚屋の会話に目が止まった。

内戦のさなか、若い旅行者のアンドリュースに、「魚のカゴを頭にのせた男」が話しかける。

「わしは世界中に行った。アフリカ、オーストラリア、南米。あんたと同じようにリュックひとつ背負って。男が幸福になるには、何も要らない。必要なものはすべてみんな自分の内部にあるのじゃから」（『イカロスの飛行』）。

「旅をしていればそのことはもう覚ったろう」という男の問いに「すばらしい考えですね。でも僕はまだ覚っていません」とアンドリュースは答える。

この優れた旅行記の心の会話に、私もまた何らかの答を返さなければならない年令に至っている。

本書の冒頭には世界の古都・アテネでいきなりポン引き氏を登場させた。さらに「終着駅の昼下がり」には、モノを乞う人の姿も。それらをギリシャの「影」の部分と位置づけるのは容易だが、「影」も「光」も、ともに単独では存在しない。

モノを乞う人も、銀行員も、あるいは「幸せな犬たち」も、午後のシェスタで見る夢に差異のあろうハズはない。

二年間の取材で、ギリシャで暮らす日本人から多くの温かい応対を受けた。旅で知り合ったギリシャ人からも。

とりわけ、不意の出会いから監修までお願いすることになったY・K氏には、深い感謝の思いを記しておきたい。

また、いつか、お目にかかれる日まで。

「ありがとう＝エフハリストー」

二〇〇五年十月

稲尾　節

●参考・引用文献

C・M・ウッドハウス『近代ギリシァ史』（西村六郎訳、みすず書房、一九九七年）
リチャード・クロッグ『ギリシャの歴史』（高久暁訳、創土社、二〇〇四年）
周藤芳幸　村田奈々子『ギリシャを知る事典』（東京堂出版、二〇〇一年）
ヘンリー・ミラー『マルーシの巨像』（金沢智訳、水声社、二〇〇四年）
N・カザンザキス『その男ゾルバ』（秋山健訳、恒文社、一九七九年）
N・カザンザキス『ふたたび十字架につけられるキリスト』（児玉操訳、新風舎、二〇〇三年）
ケヴィン・アンドリュース『イカロスの飛行』（松永太郎訳、図書出版社、一九九四年）
M・メルクーリ『ギリシャわが愛』（藤枝澪子、海辺ゆき訳、合同出版、一九八一年）
『現代ギリシャ詩選』（中井久夫訳、みすず書房、一九九九年）
『ギリシア・ローマ抒情詩選　花冠』（呉茂一訳、岩波文庫、一九九一年）
ブルフィンチ『ギリシア・ローマ神話』（野上弥生子訳、岩波文庫、二〇〇三年）
シュリーマン『古代への情熱』（村田数之亮訳、岩波文庫、一九七六年）

『さまよえる魂のうた　小泉八雲コレクション』（池田雅之編訳、ちくま文庫、二〇〇四年）
『ΜΕΤΡΟ　ΤΕΥΧΟΣ　一〇九』
『アレキサンドロス大王と東西文明の交流展 ブックレット』（NHK出版、二〇〇三年）
今井克　三浦元博『バルカン危機の構図』（恒文社、一九九三年）
大内聰矣『エーゲ海幻想』（毎日新聞社、一九八九年）
齋木俊男『ギリシア歴史の旅』（恒文社、一九九七年）
川政祥子『愛と詩の島』（洋泉社、二〇〇四年）
楠見千鶴子『癒しの旅ギリシャ・エーゲ海』（ちくま新書、一九九九年）
村上春樹『遠い太鼓』（講談社文庫、二〇〇三年）
池澤夏樹ほか『テオ・アンゲロプロス全集Ｉ DVDブックレット』（IMAGICA、二〇〇四年）

【著者紹介】
稲尾 節　（いなお・せつ）
1942年 大阪府生まれ　ルポライター・編集者
主な編・共著に『琵琶湖周航の歌　うたの心』（海曜社）『異空間の俳句たち』（発売・雄山閣出版）『大道寺将司句集　友へ』（ぱる出版）ほか

ギリシャ裏町散歩

発行…………二〇〇五年一〇月三一日　初版第一刷一五〇〇部
定価…………一二〇〇円＋税
著者…………稲尾節
装丁…………本永惠子
発行人………北川フラム
発行所………現代企画室
住所…………101-0064 東京都千代田区猿楽町二－二－五－三〇二
電話──〇三－三二九三－九五三九
ファクス──〇三－三二九三－二七三五
E-mail：gendai@jca.apc.org
URL：http://www.jca.apc.org/gendai/
郵便振替──〇〇一二〇－一－一一六〇一七
印刷所………中央精版印刷株式会社
ISBN 4-7738-0508-0　C0026　Y1200E